Gabriele Westhoff

Makkaroni futschi dei

Finger-, Gesten- und Rhythmusspiele

FIDULA

Inhalt

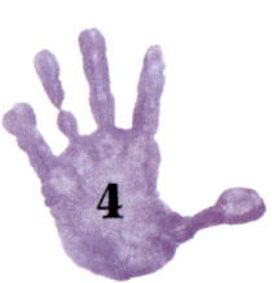

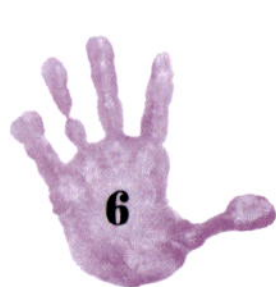

Einführung

Jeder hat schon einmal beobachtet, dass Kinder die Zunge aus dem Mund strecken oder im Mundwinkel hin und her bewegen, wenn sie etwas besonders Kniffliges mit den Händen ausprobieren. Hier zeigt sich der enge Zusammenhang zwischen Finger- und Mundmotorik. Im Gehirn sind das Sprachzentrum und die Steuerung der Feinmotorik direkt benachbart angelegt und beeinflussen sich gegenseitig. Das bietet uns die Chance, beide Bereiche gleichzeitig zu fördern und Entwicklungsanreize zu geben. Durch Fingerspiele und Gesten können Kinder Wörter und Sprache im wahrsten Sinne des Wortes „begreifen".

Wenn man keine gemeinsame Sprache spricht, zeigt das „Reden mit Händen und Füßen", dass auch der Gebrauch der Hände eine Form der Kommunikation ermöglicht, bei der ganze Geschichten ohne Worte wiedergegeben werden können.

Die 132 Verse des Buches erzählen in 13 Kapiteln kleine und große Geschichten für Kinder zwischen 2 und 8 Jahren. Neben traditionellen und neuen Fingerspielen finden Sie Sprechverse zu den Jahreszeiten, zur Advents- und Weihnachtszeit, Tiergeschichten, Nonsenstexte, Verse aus 11 verschiedenen Ländern, Spiele mit Instrumenten und verschiedenen Materialien sowie Sprechkanons. Alle Verse sind praxiserprobt und mit genauen Gestaltungsvorschlägen zur Finger- und Gestenbegleitung oder zu rhythmischen Spielideen versehen. Die Rhythmusspiele und Sprechkanons sind zum besseren Verständnis jeweils mit Notenwerten abgedruckt.
In Eltern-Kind-Gruppe, Kita, Spielgruppe, Musikalischer Früherziehung, Grundschule und integrativen oder inklusiv arbeitenden Gruppen bietet das Buch umfangreiche Einsatzmöglichkeiten. Logopäden oder Ergotherapeuten können die Verse und Spielideen ebenfalls nutzen.

SPRACHE IST MUSIK – und Kinder lieben Verse, Reime, Lautmalereien, Rhythmen und Gedichte. Der Umgang damit animiert die Kinder auf spielerische Weise zum lustvollen Sprechen(lernen), zur Verbesserung der Artikulation und des metrisch-rhythmischen Empfindens. Auch Kindern, die zweisprachig erzogen werden, helfen die Verse auf spielerische Weise bei der Sprachentwicklung.
Dafür wurde bei der Auswahl der Verse besonders auf saubere Endreime, eine grammatikalisch richtige Sprache, eine gleichmäßige Sprachmelodie und klare Satzrhythmen geachtet.

Zusätzlich zur Sprachförderung gibt es aber beim variantenreichen Einsatz der Verse und Fingerspiele weitere Entwicklungsmöglichkeiten, die in der **Spielgruppe, Eltern-Kind-Gruppe** und **Kita** besondere Beachtung finden:

- Förderung der Feinmotorik und Beweglichkeit der Hände
- Intensive und regelmäßige Dehnung der Muskeln beim Fingerstrecken
- Schulung der Artikulation und Mundmotorik
- Verbesserung der Merkfähigkeit von Texten, Gesten und Rhythmen
- Konzentrationstraining
- Weiterentwicklung der auditiven Wahrnehmung und des Hörverstehens
- Schärfung des Bewusstseins für Lautunterschiede und Hilfe bei der Lautbildung
- Training plötzlicher Stopps in der Gestenbegleitung
- Sprachförderung durch feinmotorisches Training.

Für Gruppen der **Musikalischen Früherziehung** gibt es noch zusätzliche musikalische Fördermöglichkeiten:

- Stabilisierung des Metrum-Empfindens bei der Begleitung mit Klanggesten oder Bodypercussion
- Rhythmische Schulung bei Versen im 3/4-, 3/8-, 5/8-, 6/8- und 7/8-Takt
- Einsatz von Instrumenten des Orff-Instrumentariums – zusätzlich zur Klanggestenbegleitung
- Umsetzung von Pausen im Text und in der Gestaltung
- Vorbereitung auf das spätere Kanonsingen durch Sprech- und Klanggestenkanons
- Förderung der Beweglichkeit der Hände z. B. für die lockere Schlägelhaltung bei Stabspielen, variantenreiches Spiel auf Handtrommeln oder die Muskelkraftdosierung beim Spiel von diversen Schlaginstrumenten
- Training der Rechts-links-Koordination, wie sie beim späteren Instrumentalspiel dringend benötigt wird.

Beim Einsatz der Verse und Rhythmusspiele in der **Grundschule** kommen weitere Aspekte hinzu:

- Im Deutschunterricht ermöglichen Sprechreime mit Klatsch- und Patsch-Begleitungen, dass die Kinder ein Rhythmusgefühl und ein Gefühl für Sprachmelodie (Silben) bekommen, was ihnen dann beim Schreibenlernen helfen kann.
- Die Verse dienen auch der Wortschatzerweiterung und bringen die Kinder in Kontakt mit der richtigen Grammatik (z. B. im „Deutsch-als-Zweitsprache"-Unterricht).
- Konzentrationsvermögen und Sprachgedächtnis werden weiterentwickelt.
- Die feinmotorische Schulung ermöglicht z. B. beim Schreibenlernen eine entspannte, aber koordinierte Stiftführung.
- Kinder lieben Nonsens-Verse und Reime in anderen Sprachen, weil sie Freude am Spiel mit Silben und fremdartigen Wörtern haben. Diese Verse haben darüber hinaus den Vorteil, dass Kinder anderer Länder hier die gleiche Ausgangsposition haben wie deutsche Kinder.
- Die Gestaltung der Verse ermöglicht auch auf engstem Raum (im Klassenzimmer) eine willkommene Unterbrechung, um kurz zu entspannen und Energie zu tanken, bevor mit neuer Konzentration der Unterrichtsfaden wieder aufgenommen wird.
- Die Förderung der Feinmotorik, der Rechts-links-Koordination und der Auge-Hand-Koordination ist auch für Streicher- und Musikklassen in der Grundschule sehr hilfreich.

Zu den einzelnen Versen sind stichwortartig die jeweiligen **Förderziele** genannt. Darüber hinaus finden Sie zu allen Fingerspielen Angaben, für welche Altersgruppen sie geeignet sind:

KK = Kleinkinder (2-4 Jahre)

VSK = Vorschulkinder (4-6 Jahre)

GSK = Grundschulkinder (6-8 Jahre)

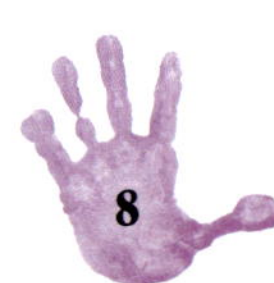

Da einige Verse gleich mehreren Kapiteln zugeordnet werden können, finden Sie an diesen Stellen im Buch Hinweise auf Gedichte in anderen Kategorien, um Ihnen einen möglichst vielfältigen Zugang zu ermöglichen und langes Suchen zu vermeiden.

Bei einigen Versen sind die betonten Silben, die mit Gesten oder Klängen begleitet werden, zur Verdeutlichung im **Fettdruck** hervorgehoben, die unbetonten oder unbegleiteten Silben erscheinen im regulären Schriftschnitt.

Das **alphabetische Titelregister** und das **Stichwortregister** am Ende des Buches bieten ebenfalls Hilfestellung bei der Verssuche und ermöglichen einen breiten thematischen Überblick.

Tipps zur Ausführung und Gestaltung

Alle Spielideen sollen nur als Anregungen verstanden werden, die Sie jederzeit nach Ihren eigenen Vorstellungen ändern und den Bedürfnissen der Gruppe anpassen können.

Besonders wirkungsvoll ist es, wenn beim Vortrag der Gedichte ein Spannungsauf- und -abbau durch unterschiedliche Stimmklänge erfolgt – natürlich ohne jüngeren Kindern Angst zu machen. Dabei sollte die Lehrkraft als gutes Vorbild immer mit entspannter Stimme sprechen und auf einen durchlaufenden Atem- und Sprechfluss achten.

Es ist wichtig, dass die Lehrkraft die Verse mit innerer Beteiligung besonders ausdrucksstark vorträgt. Mit den Händen erweckt sie die Geschichten zum Leben und schaut bei einer neuen Geste zunächst auf ihre eigenen Hände – so leitet sie den Kinderblick ebenfalls dorthin.

Die Verse dürfen nicht zu schnell erzählt werden, damit die Kinder Zeit haben, die Übergänge von einer Geste zur nächsten genau wahrzunehmen und früher oder später selbst umzusetzen.

Manche Geschichten können zunächst einmal ohne Text, nur mit den Gesten eingeführt werden. Dann raten die Kinder, was die Hände erzählt haben, und danach erst wird der Text dazu rezitiert.

Die Fingerspiele werden immer mehrfach wiederholt. Um zu variieren, wird mal schneller oder auch einmal besonders langsam, mal recht laut oder sehr leise gesprochen, und natürlich erfolgt auch jeweils ein Handwechsel, wenn nur eine Hand im Einsatz war. Später fügt die Lehrkraft beim Sprechen Pausen ein, so dass die Kinder animiert werden, Textwiederholungen oder Endreime selbst zu ergänzen.

Sind Text und Ablauf der (Klang-)Gesten gut bekannt, können auch einmal nur alle Hände (ohne gesprochenen Vers) die Geschichte erzählen, oder die Kinder schließen die Augen und versuchen zum Text zur richtigen Zeit die richtigen Gesten auszuführen.

Bei Versen mit Klanggestenbegleitung genießen es die Kinder, die Gesten zur variantenreichen Wiederholung auf dem Rücken des Partners („Rückentrommel“) mit verschiedenen Anschlagsarten auszuführen.

Die in Noten gesetzten Verse lassen sich mit den zugehörigen Klanggesten oft takt- oder abschnittsweise durch Vor- und Nachsprechen erlernen.

Im 10. Kapitel bieten die Nonsens-Verse die Möglichkeit, lautmalerisch mit Konsonanten und Vokalen zu spielen, eine deutliche Artikulation zu trainieren und die Freude der Kinder im Umgang mit diesen Texten und Wortspielereien zu genießen.

Dies gilt ebenfalls für die Texte aus anderen Ländern im 11. Kapitel. Hier werden in fremder Sprache Geschichten erzählt und fremdsprachige Vokabeln und Zahlwörter mit Hilfe der Gesten spielerisch erlernt.

Die Begleitideen mit Instrumenten und verschiedenen Materialien im 12. Kapitel bieten darüber hinaus auch Anregungen für unterschiedliche Gestaltungsmöglichkeiten weiterer Gedichte und Reime in diesem Buch.

Die Sprechkanons im 13. Kapitel können sogar mit Fünfjährigen gelingen. Mit noch jüngeren Kindern werden diese Verse einstimmig gestaltet – auch das macht großen Spaß!
Bei den Kanons kommt es auf ein stabiles Metrum an, damit alle in der Mehrstimmigkeit auch ein gemeinsames Grundtempo empfinden und umsetzen können.
Ein reiner (Klang-)Gestenkanon ohne den gesprochenen Text hat ebenfalls seinen besonderen Reiz und sollte unbedingt ausprobiert werden.

Nun hoffe ich, dass Sie das Buch so schnell nicht wieder aus der Hand legen, sich im Handumdrehen allerhand Verse erarbeiten und Ihnen die Fingerspiele bald leicht von der Hand gehen. Und wenn die rechte Hand weiß, was die linke tut, dann wird wie von Zauberhand der Funke auf die Kinderhände und ganz sicher auch auf die Kinderherzen überspringen.

Dabei wünsche ich Ihnen eine glückliche Hand!

Gabriele Westhoff, im März 2019

1. Im Frühling

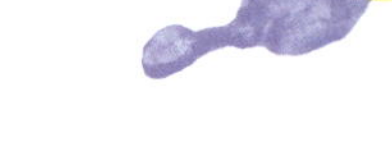

KK

VSK

Der Frühling kommt

Wolfgang Spode

Der Frühling kommt, der Frühling kommt, die Vögel singen wieder.
Sie zwitschern in den Bäumen schon und schütteln ihr Gefieder.

Der Frühling kommt, der Frühling kommt, die Blumen neu sich regen.
Sie recken sich und strecken sich der warmen Sonn entgegen.

Der Frühling kommt, der Frühling kommt, der Winter darf nicht bleiben.
Mit Klatschen, Stampfen und Geschrei, so woll'n wir ihn vertreiben!

Der Frühling kommt, der Frühling kommt, die Vögel singen wieder.	*mit beiden Händen einen großen Kreis beschreiben, oben beginnend (große Sonne)*
Sie zwitschern in den Bäumen schon und schütteln ihr Gefieder.	*Daumen und Zeigefinger (Vogelschnabel) auf und zu klappen, dann mit den Armen das Gefieder schütteln*
Der Frühling kommt, der Frühling kommt, die Blumen neu sich regen.	*große Sonne zeigen*
Sie recken sich und strecken sich der warmen Sonn entgegen.	*mit aufrecht gestellten, hohl zusammengelegten Händen langsam eine Blüte öffnen, die sich nach oben streckt*
Der Frühling kommt, der Frühling kommt, der Winter darf nicht bleiben.	*große Sonne zeigen, den Zeigefinger für verneinende Geste hin und her bewegen*
Mit **Klat**schen**, Stamp**fen **und** Ge**schrei,** so **woll'n** wir **ihn** ver**trei**ben!	*im gleichmäßigen Wechsel mit „klatschen-patschen" begleiten*

KK

VSK

Die Knospe

überliefert

Schaut ein Knöspchen aus der Erde,
ob es nicht bald Frühling werde;
wächst und wächst ein ganzes Stück.
Sonne warm am Himmel scheint,
Regen überm Knöspchen weint,
Knöspchen wird bald grün und dick.
Seine Blätter öffnet's dann,
fröhlich fängt's zu blühen an.
Frühling ist es, welch ein Glück!

aus: Gabriele Westhoff, „Frühlings- und Maienlieder", Fidula-Verlag Holzmeister GmbH, Koblenz

Schaut ein Knöspchen aus der Erde, ob es nicht bald Frühling werde;	*eine Hand als Wiese waagerecht halten, mit dem Handrücken nach oben; den Zeigefinger der anderen Hand ein kleines Stück zwischen dem Zeige- und Mittelfinger der „Wiesen-Hand" von unten nach oben durchstecken*
wächst und wächst ein ganzes Stück.	*den Zeigefinger dann langsam etwas höher hinausschieben*
Sonne warm am Himmel scheint,	*mit beiden Händen einen Kreis beschreiben, oben beginnend (Sonne)*
Regen überm Knöspchen weint,	*mit zappelnden Fingern Regentropfen von oben nach unten regnen lassen*
Knöspchen wird bald grün und dick.	*beide Hände hohl aneinanderlegen und eine Knospe zeigen*
Seine Blätter öffnet's dann,	*die Finger langsam zur Blüte öffnen*
fröhlich fängt's zu blühen an. Frühling ist es, welch ein Glück!	*die Hände/Blüte langsam in dieser Haltung drehen*

→ feinmotorische Schulung

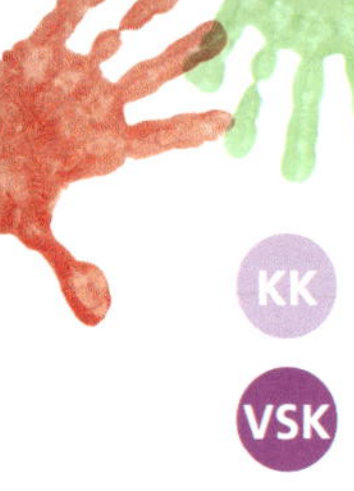

KK

VSK

Frühlingszeit

überliefert
Bearbeitung: Gabriele Westhoff

Halli, hallo, der März beginnt,
da bläst der warme Frühlingswind.
Das Fahrrad hol ich aus dem Keller,
fahr und klingle immer schneller.
Den Berg hinauf, den Berg hinunter,
werden alle Kinder munter.
Vögel zwitschern, Kuckuck schreit,
halli, hallo, 's ist Frühlingszeit.

Hal**li**, hal**lo**, der **März** be**ginnt**,	*4x klatschen*
da **bläst** der **war**me **Früh**lings**wind.**	*die Hände 4x aneinander vorbeiwischend abwechselnd nach vorne strecken*
Das Fahrrad hol ich aus dem Keller,	*mit den Händen imaginäre Pedale bewegen*
fahr und klingle immer schneller.	*immer schneller radeln*
Den Berg hinauf, den Berg hinunter,	*mit einer Hand nach oben und wieder hinunter zeigen*
werden **al**le **Kin**der **mun**ter.	*4x auf die Beine patschen*
Vögel zwitschern, Kuckuck schreit,	*zwei Vogelschnäbel (jeweils Daumen und Zeigefinger gegeneinanderlegen) öffnen und schließen*
hal**li**, hal**lo**, 's ist **Früh**lings**zeit.**	*4x klatschen*

KK

VSK

Es regnet sacht

überliefert

Es regnet sacht die ganze Nacht.
Es regnet mehr, es regnet sehr.
Es donnert, blitzt, die Anna flitzt
hinein ins Haus, dort schaut sie raus.
Da kommt, o fein, der Sonnenschein.

Es regnet sacht die ganze Nacht.	*leise mit den Fingerspitzen auf den Boden/Tisch trommeln*
Es regnet mehr, es regnet sehr.	*lauter werdend im Wechselschlag mit den flachen Händen auf dem Boden/Tisch spielen (als metrisch freier Wirbel)*
Es **don**nert, **blitzt,** die Anna **flitzt**	*bei „donnert" 1x beidhändig auf Boden/Tisch patschen, bei „blitzt" 1x klatschen, bei „flitzt" im Wechselschlag einen metrisch freien Wirbel auf die Beine patschen*
hinein ins Haus, dort schaut sie raus.	*ein Hausdach zeigen, dann die Hand an die Augen legen und umherschauen*
Da kommt, o fein, der Sonnenschein.	*mit beiden Händen einen großen Kreis beschreiben, oben beginnend (Sonne)*

→ Förderung des Hörverstehens
→ Nach einigen Wiederholungen finden und sprechen die Kinder selbst die Endreime.

Siehe auch: RITTERSLEUT UND ZWERGENVOLK → All die vielen kleinen Zwerge (S. 92)

April

Wolfgang Spode

1. Ich schau aus meinem Fenster
   und glaub, ich seh Gespenster:
   Wo eben noch die Sonne schien,
   seh ich nun dunkle Wolken ziehn.
   April, April, April – der macht nur, was er will!

2. Ich möcht spazieren gehen,
   will Frühlingsblumen sehen.
   Doch leider – ach du liebe Zeit! –
   hat's gerade wieder mal geschneit.
   April, April, April – der macht nur, was er will!

3. Ich wollt im Garten sitzen
   und sah's von ferne blitzen.
   Jetzt hör ich schon den Donnergroll –
   nun hab ich bald die Nase voll!
   April, April, April – der macht nur, was er will!

1. Ich schau aus meinem Fenster	*Hand an die Augen legen und Ausschau halten*
und glaub, ich seh Ge**spens**ter:	*bei „Gespenster" plötzlich beide Handflächen abwehrend nach vorne strecken*
Wo eben noch die Sonne schien,	*mit beiden Händen einen Kreis beschreiben, oben beginnend (Sonne)*
seh ich nun dunkle Wolken ziehn.	*Fäuste als Wolken hin und her bewegen*
Ap**ril**, Ap**ril**, Ap**ril** – der **macht** nur, **was** er **will!**	*im Rhythmus klatschen*

2. Ich möcht spazieren gehen, will Frühlingsblumen sehen.	*mit aufrecht gestellten Händen langsam eine Blüte öffnen*
Doch leider – ach du **lie**be Zeit! –	*bei „liebe" 1x klatschen*
hat's gerade wieder mal geschneit.	*langsam die gemächlich zappelnden Finger (Schneeflocken) von oben nach unten fliegen lassen*
Ap**ril**, Ap**ril**, Ap**ril** – der **macht** nur, **was** er **will!**	*im Rhythmus klatschen*

3. Ich wollt im Garten sitzen	*die Hände fragend ausbreiten*
und sah's von ferne **blit**zen.	*bei „blitzen" 1x klatschen*
Jetzt hör ich schon den **Don**nergroll –	*bei „Donner" 1x patschen*
nun hab ich bald die Nase voll!	*einen immer lauter werdenden Patschwirbel auf den Beinen spielen*
Ap**ril**, Ap**ril**, Ap**ril** – der **macht** nur, **was** er **will!**	*im Rhythmus klatschen*

→ Konzentrationstraining
→ Verbesserung der Merkfähigkeit

Siehe auch: KANONS → Aprilwetterspiel (S. 171)

KK

VSK

Liebe Sonne, scheine wieder

Hoffmann von Fallersleben

1. Liebe Sonne, scheine wieder,
   schein die düstern Wolken nieder.
   Komm mit deinem goldnen Strahl
   wieder über Berg und Tal.

2. Trockne ab auf allen Wegen
   überall den alten Regen.
   Liebe Sonne, lass dich sehn,
   dass wir können spielen gehn.

1. Liebe Sonne, scheine wieder,	*mit beiden Händen einen Kreis beschreiben, oben beginnend (Sonne)*
schein die düstern Wolken nieder.	*mit den Fäusten die ziehenden Wolken darstellen und diese hin und her bewegen*
Komm mit deinem **gold**nen Strahl	*bei „goldnen" die Hände plötzlich nach vorn öffnen*
wieder über **Berg** und **Tal**.	*bei „Berg" die Fingerspitzen nach oben gestreckt als Dreieck (Gipfel) aneinanderlegen und bei „Tal" die aneinandergelegten Fingerspitzen nach unten strecken*

2. Trockne ab auf allen Wegen	*mit den ausgebreiteten Händen eine Fläche zeigen, waagerecht durch die Luft streichen*
überall den alten Regen.	*Regentropfen mit zappelnden Fingern von oben nach unten zeigen*
Liebe Sonne, lass dich sehn,	*Sonne zeigen*
dass wir **kön**nen **spie**len **gehn.**	*im Grundschlag abwechselnd auf die Beine patschen*

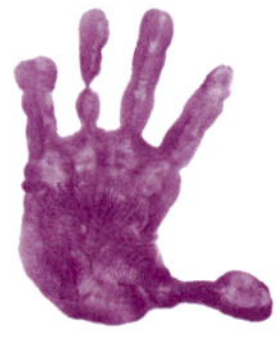

Eine Instrumentalbegleitung mit **Becken** und **Rasseln** kann sich anschließen: Jeweils in der ersten und dritten Zeile jeder Strophe erklingt das Becken, in der zweiten und vierten Zeile werden die Rasseln freimetrisch geschüttelt.

→ Förderung der Feinmotorik
→ Kennenlernen alter deutscher Gedichte
→ Muskelkraftdosierung erproben beim Spiel auf dem Becken

KK

VSK

Das Osterei

Hoffmann von Fallersleben

Hei, juchhei! Kommt herbei!
Suchen wir das Osterei!
Immerfort, hier und dort
und an jedem Ort!
Ist es noch so gut versteckt,
endlich wird es doch entdeckt.
Hier ein Ei! Dort ein Ei!
Bald sind's zwei und drei.

aus: Gabriele Westhoff, „Frühlings- und Maienlieder", Fidula-Verlag Holzmeister GmbH, Koblenz

Vorab versteckt jedes Kind einen **Egg-Shaker (Rasselei)** hinter dem Rücken, zwischen den Beinen, in der Hosentasche …

Hei, juch**hei! Kommt** her**bei!** **Su**chen **wir** das **Os**ter**ei!**	*patschen im Wortrhythmus*
Immerfort, hier und dort und an jedem Ort!	*die Hand suchend an die Augen halten*
Ist es noch so gut versteckt, endlich wird es doch entdeckt.	*langsam das Rasselei hervorholen*
Hier ein Ei! Dort ein Ei! Bald sind's zwei und drei.	*rasseln*

Nach Ostern ändert man den Text in:
„Hei, juchhei! Kommt herbei! Suchen wir das RASSELEI!"

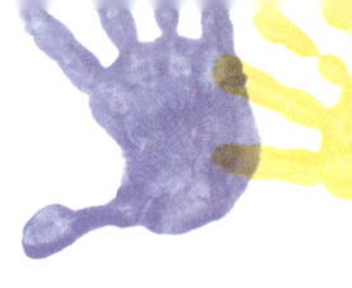

KK

VSK

Häschen Löffelohr

überliefert

Das kleine Häschen Löffelohr
schaut hinter einem Kohlblatt vor.
Die Ohren wackeln – dass ihr's wisst –,
weil's grad von einem Kohlblatt frisst.
Und wenn wir still sind und nicht plappern,
dann hören wir das Häschen knabbern:
Doch biegen wir das Blatt beiseite,
da sucht das Häschen schnell das Weite.

Das kleine Häschen Löffelohr schaut hinter einem Kohlblatt vor.	*Zeige- und Mittelfinger (Hasenohren) der einen Hand schauen hinter dem Kohlblatt (flache andere Hand) hervor.*
Die Ohren wackeln – dass ihr's wisst –, weil's grad von einem Kohlblatt frisst.	*mit den Hasenohren wackeln*
Und wenn wir still sind und nicht plappern, dann hören wir das Häschen knabbern.	*bei geschlossenem Mund mit den Zähnen klappern*
Doch biegen wir das Blatt beiseite, da sucht das Häschen schnell das Weite.	*die Blatthand zur Seite nehmen, die Hasenhand hinter dem Rücken verstecken*

→ Förderung der Rechts-links-Koordination bei gleichzeitig unterschiedlichen Aktionen beider Hände

Siehe auch: TIERGESCHICHTEN → Hoppel hopp (S. 107)

KK

VSK

Klein Häschen

überliefert

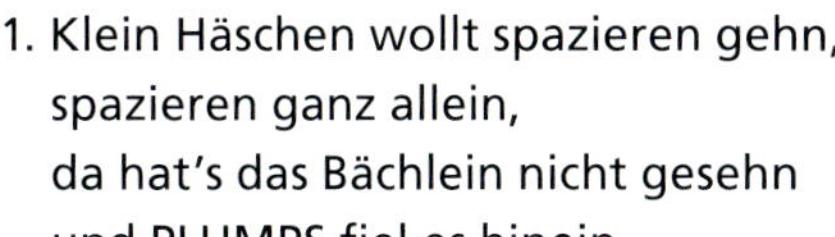

1. Klein Häschen wollt spazieren gehn,
   spazieren ganz allein,
   da hat's das Bächlein nicht gesehn
   und PLUMPS fiel es hinein.

2. Das Bächlein trieb's dem Tale zu,
   dort, wo die Mühle steht
   und wo sich ohne Rast und Ruh
   das große Mühlrad dreht.

3. Ganz langsam drehte sich das Rad,
   fest hielt's der kleine Has,
   und als er endlich oben war,
   sprang er vergnügt ins Gras.

4. Dann lief das Häschen schnell nach Haus,
   vorbei war die Gefahr.
   Die Mutter schüttelt's Fell ihm aus,
   bis dass es trocken war.

aus: Gabriele Westhoff, „Frühlings- und Maienlieder", Fidula-Verlag Holzmeister GmbH, Koblenz

1. Klein Häschen wollt spazieren gehn, spazieren ganz allein, da hat's das Bächlein nicht gesehn	*mit den Fingern einen Hasen zeigen (Zeige- und Mittelfinger bilden die hochgestreckten Hasenohren)*
und PLUMPS fiel es hinein.	*bei „plumps" 1x auf die Beine patschen*
2. Das Bächlein trieb's dem Tale zu, dort, wo die Mühle steht und wo sich ohne Rast und Ruh	*das Fließen des Bächleins mit der Hand zeigen*
das große Mühlrad dreht.	*Hände langsam umeinanderdrehen*
3. Ganz langsam drehte sich das Rad,	*Hände weiter umeinanderdrehen*
fest hielt's der kleine Has, und als er endlich oben war, sprang er vergnügt ins Gras.	*Hasen zeigen und hüpfen lassen*
4. Dann lief das Häschen schnell nach Haus, vorbei war die Gefahr.	*schnell im Wechselschlag auf die Beine patschen*
Die Mutter schüttelt's Fell ihm aus, bis dass es trocken war.	*im Wechselschlag auf die Brust trommeln (metrisch frei)*

→ In Eltern-Kind-Gruppen kitzeln die Eltern am Schluss ihr „Hasen-Kind".

Siehe auch: AUS ANDEREN LÄNDERN → Pium paum paukkaa (S. 148)

KK

VSK

Der Käfermann

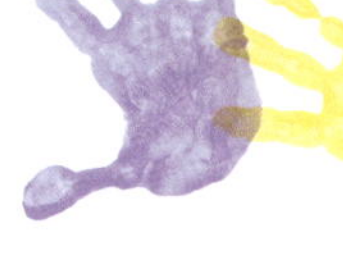

überliefert

Kommt ein kleiner Käfermann,
hat ein rotes (braunes) Röckchen an.
Krabbelt flink den Baum hinauf,
setzt sich auf ein Blättchen drauf.
Schaukelt hin und schaukelt her,
das gefällt dem Käfer sehr.
Schaukelt weiter froh und munter –
PLUMPS, da fällt der Käfer runter.

Den einen Arm ab Ellenbogen nach oben stellen, die Finger bilden die Baumkrone. Die Finger der anderen Hand spielen den krabbelnden Käfer.

Kommt ein kleiner Käfermann, hat ein rotes (braunes) Röckchen an.	*Die Käferfinger krabbeln über den Boden.*
Krabbelt flink den Baum hinauf, setzt sich auf ein Blättchen drauf.	*Sie krabbeln den Baumstamm hinauf und setzen sich auf einen Finger (Blatt des Baumes).*
Schaukelt hin und schaukelt her, das gefällt dem Käfer sehr.	*Der Baum schaukelt im Wind mit dem Käfer hin und her.*
Schaukelt weiter froh und munter –	*weiterschaukeln, dann:*
PLUMPS, da fällt der Käfer runter.	*Die Käferfinger fallen herunter und der „Baum" bleibt stehen oder: Beide Hände patschen bei „plumps" 1x auf den Boden oder die Beine.*

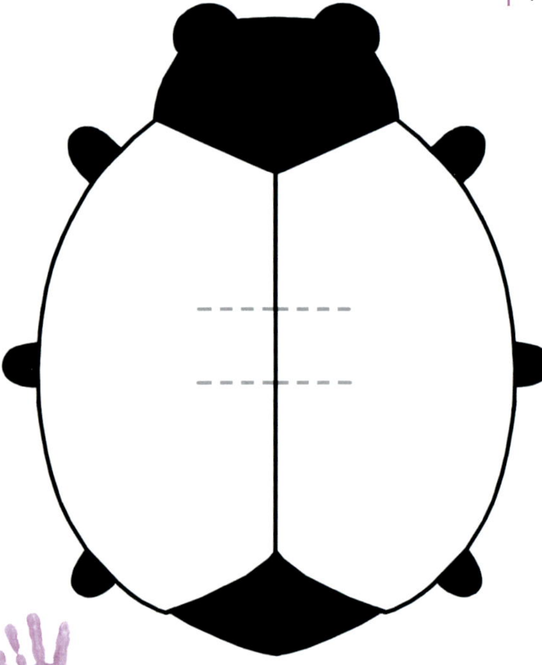

Auch mit einem selbst gebastelten Fingerkäfer kann man die Geschichte mitspielen. Die Kopiervorlage wird vorab auf rotes Papier kopiert, die Kinder, Eltern oder die Lehrkraft schneiden aus, und die Kinder malen Marienkäferpunkte darauf.
Am Ende wird noch die Fingerlasche in der Mitte eingeschnitten, damit man den Käfer auf den Zeigefinger stecken kann.

→ den Text besonders ausdrucksstark sprechen – am Ende der vorletzten Zeile eine Pause machen, um die Spannung zu erhöhen

2. Im Sommer

VSK

GSK

Am Meer

Gabriele Westhoff

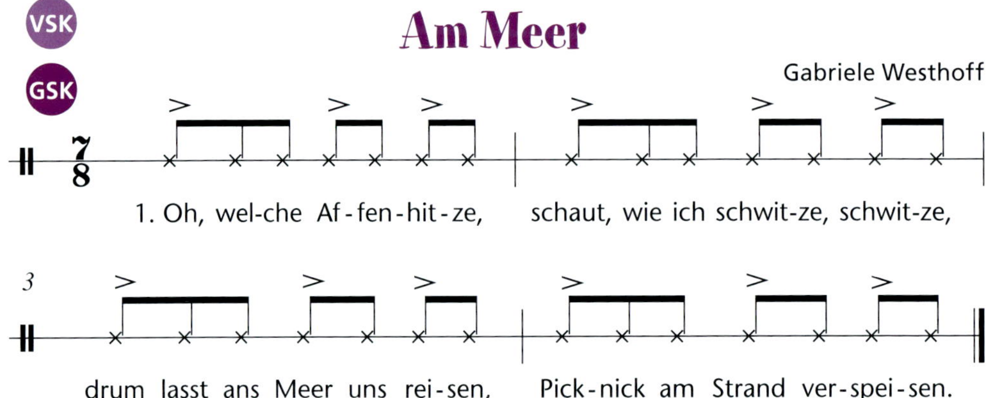

2. Dann eine Sandburg bauen und nach den Muscheln schauen,
Sand von den Händen wischen, Schnecken und Krebse fischen.

3. Wir wollen schwimmen gehen und viele Fische sehen,
doch geht die Sonne nieder, kommen wir morgen wieder!

Die Begleitung im Grundschlag erfolgt jeweils auf der ersten, vierten und sechsten Achtel des Taktes. Jede Strophe sollte man ohne Pause mehrfach hintereinander sprechen, bevor die nächste Strophe beginnt.

1. Oh, welche Affenhitze, schaut, wie ich schwitze, schwitze,	*bei „Af-“ und beim ersten „schwit-“ je 1x den Schweiß von der Stirn wischen*
drum lasst ans Meer uns reisen, Picknick am Strand verspeisen.	*im Grundschlag klatschen (>)*
2. Dann eine Sandburg bauen und nach den Muscheln schauen,	*die Fäuste im Grundschlag zu einem Turm übereinanderbauen*
Sand von den Händen wischen, Schnecken und Krebse fischen.	*im Grundschlag wischend in die Hände klatschen („den Sand dabei abwischen“)*
3. Wir wollen schwimmen gehen und viele Fische sehen,	*Schwimmbewegungen ausführen*
doch geht die Sonne nieder, kommen wir morgen wieder!	*im Grundschlag mit beiden Händen auf die Beine patschen*

Im Anschluss wird durchgängig im Grundschlag (also auf der 1., 4. und 6. Achtel) mit **zwei Muscheln** begleitet.

→ Kennenlernen oder Vertiefung des 7/8-Taktes
→ metrisch-rhythmische Schulung im 7/8-Takt

Siehe auch: AUS ANDEREN LÄNDERN
→ Five Little Seashells (S. 150)

KK

VSK

Ein großer runder Luftballon

überliefert

Ein großer, ein runder, ein blauer Luftballon
fliegt hoch und immer höher, bald fliegt er mir davon.
Doch an dem Band, dem langen, da hol ich ihn zurück.
Jetzt hab ich ihn gefangen, da hab ich aber Glück!

Ein großer, ein runder, ein blauer Luftballon	*einen großen Armkreis ausführen*
fliegt hoch und immer höher, bald fliegt er mir davon.	*die Arme heben, dann winken*
Doch an dem Band, dem langen, da hol ich ihn zurück.	*den Luftballon am imaginären Band mit beiden Händen im Wechsel herunterziehen*
Jetzt hab ich ihn ge**fang**en, da hab ich aber **Glück**!	*bei „fangen" den Luftballon umarmen, bei „Glück" 1x klatschen*

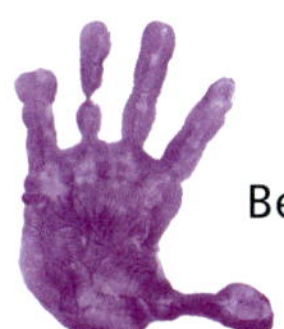

Bei der Wiederholung eine neue Farbe für den Luftballon aussuchen.

Siehe auch: FINGERGESCHICHTEN FÜR DIE KLEINSTEN → Verreisen (S. 76)
FINGERGESCHICHTEN FÜR DIE KLEINSTEN → Die große Reise (S. 75)

KK

VSK

Die Biene

Gabriele Westhoff

Die Biene erwacht vom Blumenduft –
gleich fliegt sie durch die Sommerluft – bsss.
Den Nektar sammelt sie beim Mohn,
der hört so gern den Bienenton: „Bsss."
Dann fliegt sie schnell zum Sonnenhut – bsss.
Das kleine Frühstück tut ihr gut.
Sie landet auf der Akelei
und sonnt sich dort so nebenbei – bsss.
Doch bald schon wird es wieder finster,
so macht sie schnell noch Halt beim Ginster – bsss.
Ruht sich kurz aus beim Rosenbusch – bsss –
und dann geht's wieder heim, husch-husch – bsss.
Im Bienenhaus füllt sie die Waben,
damit wir leck'ren Honig haben – hmmm!

Die Biene erwacht vom Blumenduft –	*schnuppern*
gleich fliegt sie durch die Sommerluft – bsss.	*Bienenflugbahn mit einem Finger mitzeigen*
Den Nektar sammelt sie beim Mohn, der hört so gern den Bienenton: „Bsss."	*mit dem Finger weiterfliegen und auf dem Daumen der anderen Hand landen*
Dann fliegt sie schnell zum Sonnenhut – bsss. Das kleine Frühstück tut ihr gut.	*auf dem Zeigefinger landen*
Sie landet auf der Akelei und sonnt sich dort so nebenbei – bsss.	*auf dem Mittelfinger landen*
Doch bald schon wird es wieder finster, so macht sie schnell noch Halt beim Ginster – bsss.	*auf dem Ringfinger landen*
Ruht sich kurz aus beim Rosenbusch – bsss –	*auf dem kleinen Finger landen*
und dann geht's wieder heim, husch-husch – bsss.	*die andere Hand zur Faust (Bienenhaus) formen, in die die Zeigefingerbiene hineinfliegt*
Im Bienenhaus füllt sie die Waben,	*die Zeigefingerbiene in der Faust hin- und herbewegen*
damit wir leck'ren Honig haben – hmmm!	*genüsslich den Bauch reiben*

→ Kennenlernen heimischer Sommerblumen
→ Stimmimprovisation beim Summen der Bienen

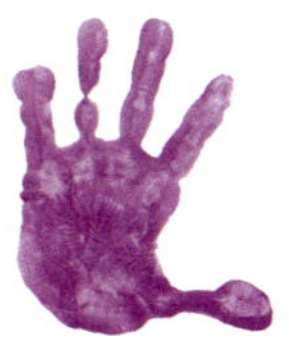

Der Vers kann, wie beschrieben, mit den Fingern gestaltet werden, oder man erzählt die Geschichte mit einer selbst gebastelten **Fingerbiene**:

Bastelanleitung:
Die Kopiervorlage wird auf gelben Tonkarton kopiert und der Bienenkörper mit braunen Streifen verziert.
Nach dem Ausschneiden werden im Bienenrücken noch die beiden Schnitte hinzugefügt, indem man die Biene der Länge nach faltet und von der geschlossenen Kante aus zwei Parallelschnitte setzt.
So entsteht nach dem Ausklappen eine Fingerlasche, durch die man den Zeigefinger stecken kann. Jetzt ist die Biene flugbereit.

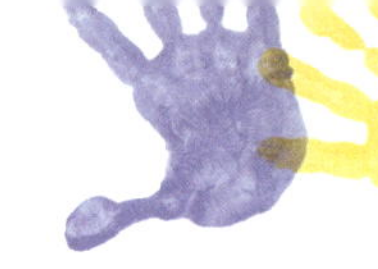

Here Is the Beehive

aus England/USA
Arr.: Gabriele Westhoff

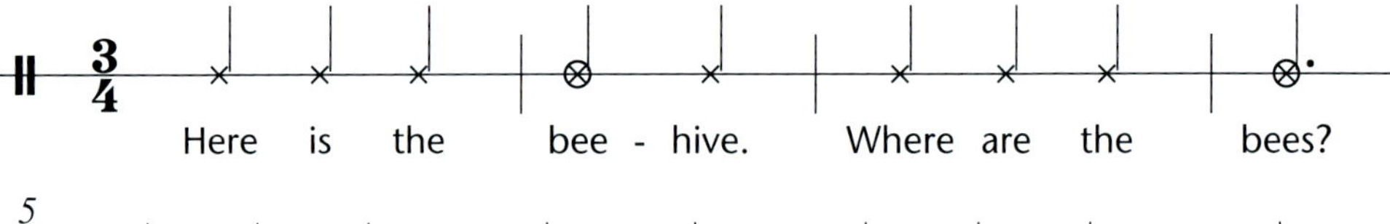

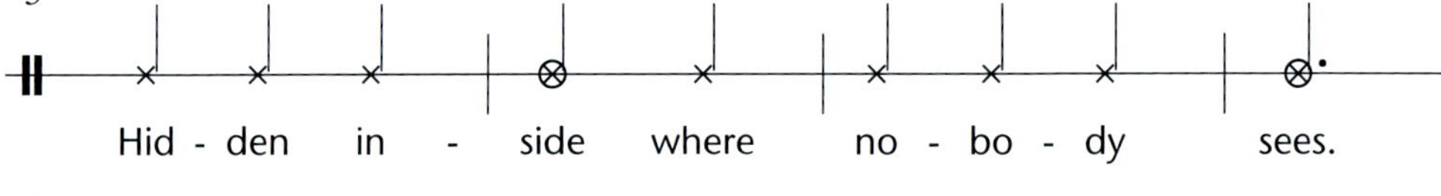

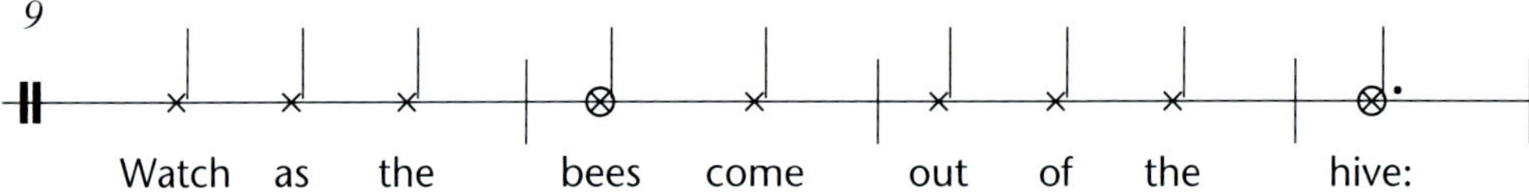

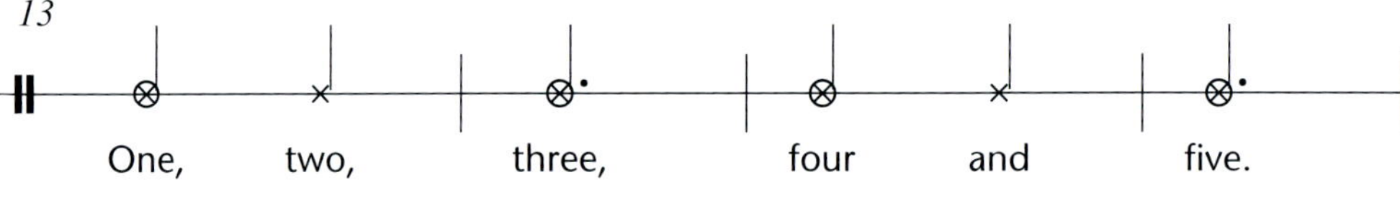

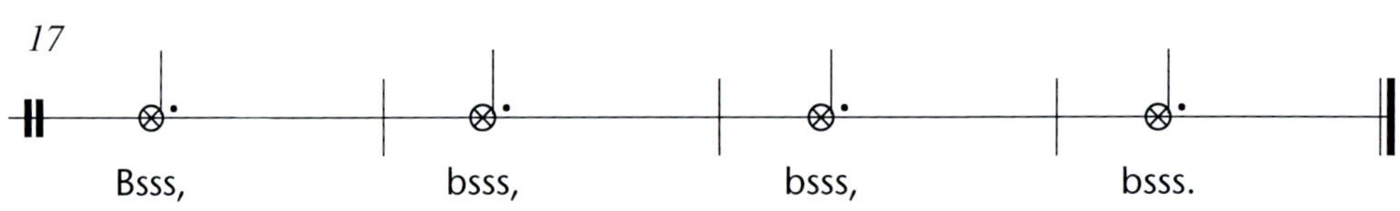

Übersetzung:
Hier ist der Bienenstock. Wo sind die Bienen?
Drinnen versteckt, wo sie niemand sieht.
Schau, wie die Bienen aus dem Bienenstock kommen:
1, 2, 3, 4, 5. Bsss

Aussprache:
beehive: 'bieheif (mit Betonung auf der ersten Silbe)

Takt 2: *Faust (Bienenstock) nach vorn strecken*
Takt 3-4: *mit den Schultern zucken*
Takt 5-8: *geschlossene Faust nah an die Augen halten und „hineinschauen"*
Takt 9-12: *mit den Fingern zappeln*
Takt 13-16: *die fünf Finger nacheinander abstrecken*
Takt 17-20: *mit der Stimme das Bienensummen imitieren und dabei mit den Fingern den Bienenflug darstellen*

→ eine Geschichte in fremder Sprache erzählen
→ Zahlwörter auf Englisch lernen
→ Stimmimprovisation beim Bienensummen

KK

VSK

GSK

Frosch und Fliege

überliefert

Sss-sss-sss-sss,
seht mal Kinder, seht mal an,
wie die Fliege fliegen kann.
Ringsherum und in die Höh',
doch da kommt der Frosch – o weh!
Quak, quak, quak und eins, zwei, drei,
mit der Fliege ist's vorbei.

Sss-sss-sss-sss, **seht mal Kinder, seht mal an,** **wie die Fliege fliegen kann.**	*Mit dem Zeigefinger der einen Hand wird der Flug der Fliege gezeigt.*
Ringshe**rum** und **in** die **Höh',** **doch** da **kommt** der **Frosch** – o **weh!**	*Der Zeigefinger fliegt weiter; dann zeigt die andere Hand das Froschmaul (vier Finger oben, Daumen unten), das auf- und zuklappt.*
Quak, quak, **quak** und **eins,** zwei, **drei,** **mit** der **Flie**ge **ist's** vor**bei.**	*zunächst weiterquaken und -fliegen; beim letzten Wort des Verses schnappt die Froschhand den Fliegenfinger*

→ Die Herausforderung besteht darin, mit der einen Hand den „Fliegenfinger" freimetrisch zu bewegen und gleichzeitig die „Froschhand" metrisch zu öffnen und zu schließen.
→ Förderung der Rechts-links-Koordination

Siehe auch: SPIELE MIT INSTRUMENTEN UND MATERIAL → Die Frösche am Teich (S. 156)

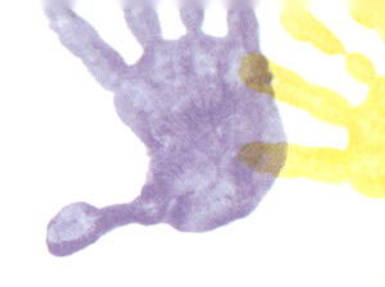

Mückentanz

Hoffmann von Fallersleben

Dideldum, dideldum,
summ, summ, summ, oh
dideldum, dideldum,
summ, summ, summ.
Das ist zum Entzücken,
wie tanzen die Mücken,
die schnellen Gesellen,
so leise im Kreise,
so wohlig und munter,
hinauf und herunter.
Dideldum, dideldum,
summ, summ, summ, oh
dideldum, dideldum,
summ, summ, summ.

Die Fingerspitzen ausgestreckt aneinanderlegen.

Didel**dum**, **di**del**dum**, **summ, summ, summ, oh** **di**del**dum**, **di**del**dum**, **summ, summ, summ.**	*immer im Wechsel die Finger ineinander verschränken (Hände falten, aber alle Finger ausstrecken) und wieder die Fingerspitzen aneinanderlegen*
Das **ist** zum Ent**zü**cken, wie **tan**zen die **Mü**cken,	*Der 2.-5. Finger der rechten Hand stößt ausgestreckt gegen die hochgestellte linke Innenhand.*
die schnellen Gesellen, so leise im Kreise,	*Die Hände werden umeinandergerollt.*
so **woh**lig und **mun**ter, hin**auf** und her**un**ter.	*Der 2.-5. Finger der linken Hand stößt ausgestreckt gegen die hochgestellte rechte Innenhand.*
Didel**dum**, **di**del**dum**, **summ, summ, summ, oh** **di**del**dum**, **di**del**dum**, **summ, summ, summ.**	*immer im Wechsel die Finger ineinander verschränken (Hände falten, aber die Finger ausstrecken) und wieder die Fingerspitzen aneinanderlegen*

→ Kennenlernen des Gedichtes von Hoffmann von Fallersleben
→ Förderung der Feinmotorik und der Beweglichkeit der Hände

Siehe auch: TIERGESCHICHTEN → Mücken fangen (S. 112)

KK

VSK

Die Maus hat rote Strümpfe an

überliefert

1. Die Maus hat rote Strümpfe an,
   damit sie besser radeln kann.
   Sie radelt bis nach Dänemark,
   denn Radeln macht die Waden stark.

2. Die Maus hat rote Handschuh' an,
   damit sie besser rudern kann.
   Sie rudert bis nach Dänemark,
   denn Rudern macht die Arme stark.

1. Die **Maus** hat **ro**te **Strüm**pfe **an,** da**mit** sie **bes**ser **ra**deln **kann.**	*mit Patsch-Klatsch im Grundschlag begleiten*
Sie radelt bis nach Dänemark,	*mit den Händen imaginäre Pedale bewegen*
denn Radeln macht die **Waden stark.**	*weiterradeln und bei* *„Wa-den stark" 3x auf die Beine patschen*

2. Die **Maus** hat **ro**te **Hand**schuh' **an,** da**mit** sie **bes**ser **ru**dern **kann.**	*mit Patsch-Klatsch im Grundschlag begleiten*
Sie rudert bis nach Dänemark,	*mit den Händen Ruderbewegungen ausführen*
denn Rudern macht die **Arme stark.**	*weiterrudern und bei „Ar-me stark" 3x über Kreuz auf die Oberarme patschen*

→ langsam anfangen und immer schneller werden
→ metrisch-rhythmische Schulung

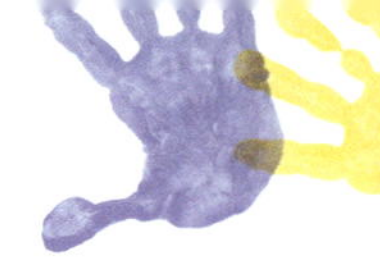

Spatzensalat

Friedrich Hoffmann
Spielidee: Thilde Lorenz

Auf dem Kirschbaum Schmiroschmatzki
saß ein Spatz mit seinem Schatzki.
Spuckt die Kerne klipokleini
auf die Wäsche an der Leini.

Schrie die Bäurin Bulowatzki:
„Fort, ihr Tiroteufelsbratzki!"
Schrie der Bauer Wirowenski:
„Wo sind meine Kirschkokenski?

Fladarupfki! Halsumdratski!
Hol der Henker alle Spatzki!"

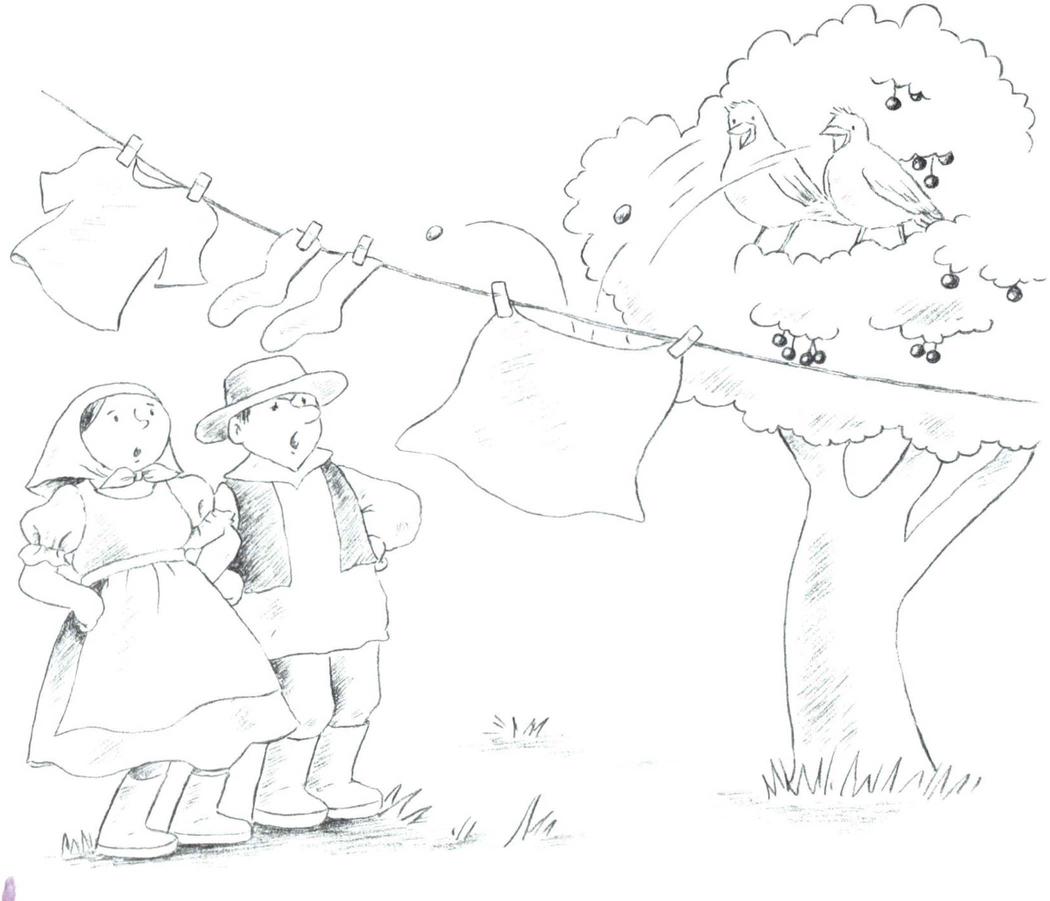

Auf dem Kirschbaum Schmiro-schmatzki	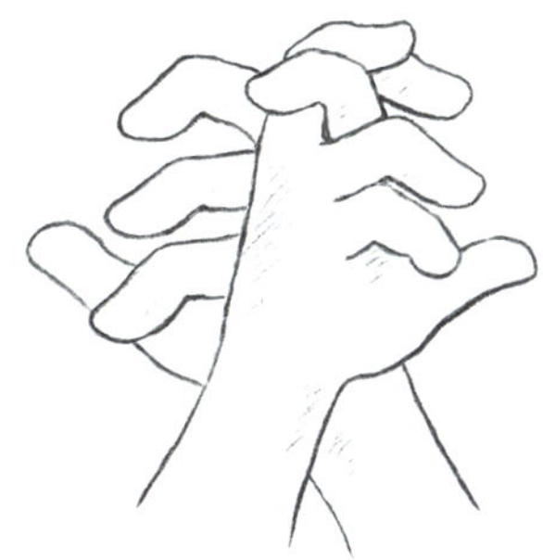 *Die Hände bilden einen Baum: Unterarme aufrichten, die Hände über Kreuz mit den Handrücken aneinanderlegen, die Mittelfinger einhaken und die anderen Finger als Äste locker hängen lassen.*
saß ein Spatz mit seinem Schatzki.	*mit der einen und der anderen Hand einen Vogelschnabel (Daumen und Zeigefinger gegeneinander) öffnen und schließen*
Spuckt die Kerne klipokleini	*die Finger der einen Hand nacheinander vom Daumen wegschnipsen*
auf die Wäsche an der Leini.	*die Finger der anderen Hand nacheinander wegschnipsen*
Schrie die Bäurin Bulowatzki:	*die eine Hand plötzlich mit gespreizten Fingern hochstrecken*
„Fort, ihr Tiroteufelsbratzki!“	*scheuchende Bewegungen mit beiden Händen ausführen*
Schrie der Bauer Wirowenski:	*die andere Hand plötzlich mit gespreizten Fingern hochstrecken*
„Wo sind meine Kirschkokenski?	*die Hände umeinanderdrehen*
Fladarupfki! Halsumdratski!	*lauter und schneller werdend in die Hände klatschen (metrisch frei), dabei die Hände von unten nach oben führen*
Hol der Henker alle Spatzki!“	*Beide Spatzen (Hände) flattern davon und verschwinden hinter dem Rücken.*

→ Förderung der Artikulation und Mundmotorik
→ Förderung der Feinmotorik

Siehe auch: TIERGESCHICHTEN → Schneck im Dreck (S. 109)

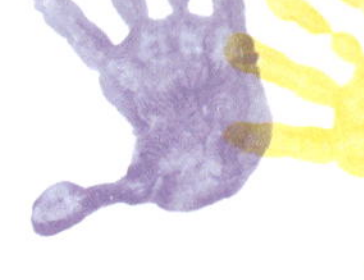

KK

VSK

Wetterboten

überliefert

Wenn die Schwalben niedrig fliegen,
werden wir bald Regen kriegen!
Wenn die Fliegen gerne stechen,
wird man bald vom Donner sprechen.
Kriecht der Laubfrosch auf die Leiter,
wird das Wetter wieder heiter.

Wenn die Schwalben niedrig fliegen,	*die Daumen beider Hände einhaken und mit den Händen Flugbewegungen machen*
werden wir bald Regen kriegen!	*mit allen Fingerspitzen Regentropfen auf dem Boden/Tisch spielen*
Wenn die Fliegen gerne stechen,	*mit den Zeigefingern abwechselnd in die Luft stechen*
wird man bald vom **Don**ner sprechen.	*bei „Donner" 1x auf die Beine patschen*
Kriecht der Laubfrosch auf die Leiter,	*gestisch auf eine Leiter hinaufsteigen*
wird das Wetter wieder heiter.	*mit beiden Händen einen großen Kreis beschreiben, oben beginnend (Sonne)*

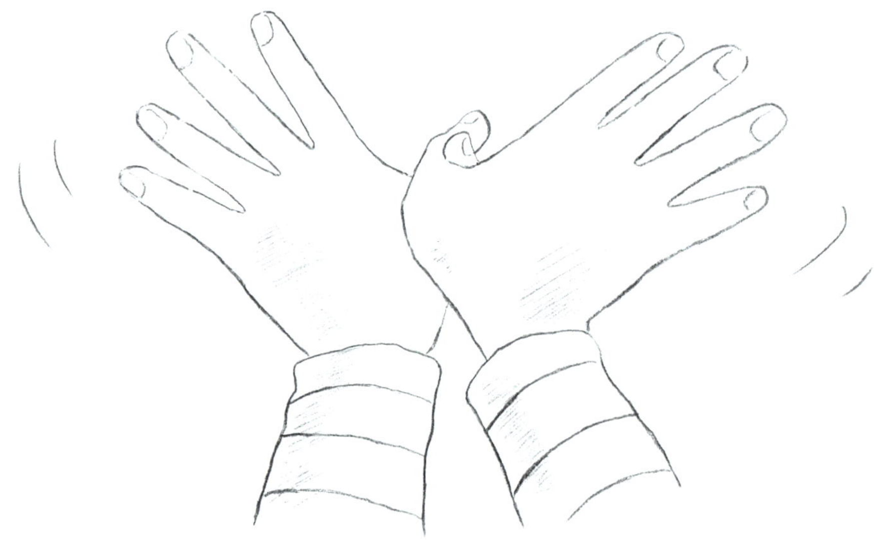

KK

VSK

GSK

Zwei Wolken

aus dem Französischen übertragen von Jule Greiner

Eine Wolke und noch eine Wolke
treffen sich:
„Lass mich vorbei!"
„Lass du mich vorbei!"
Sie reiben sich, sie ärgern sich;
und PÄNG! ein Riesendonner.
Es regnet.
„Komm, lass uns schnell laufen!"
„Ja, unter den Regenschirm –
und unter diesen Schirm."

Eine Wolke und noch eine Wolke	*die eine und die andere Faust zeigen*
treffen sich:	*beide Fäuste aneinanderlegen*
„Lass mich vorbei!"	*die aneinandergelegten Fäuste vor dem Körper in die eine Richtung schieben*
„Lass du mich vorbei!"	*beide Fäuste in die andere Richtung schieben*
Sie reiben sich, sie ärgern sich;	*die Fäuste aneinanderreiben*
und PÄNG! ein Riesendonner.	*bei „Päng" 1x laut in die Hände klatschen und einen großen Armkreis beschreiben*
Es regnet.	*die hochgestreckten Arme mit zappelnden Fingern von oben nach unten führen*
„Komm, lass uns schnell laufen!"	*mit den Händen abwechselnd schnell auf die Oberschenkel patschen*
„Ja, unter den Regenschirm –	*den Zeigefinger der einen Hand nach oben strecken und die andere Hand leicht gewölbt als Schirmdach darüber legen*
und unter diesen Schirm."	*den Schirm mit getauschten Händen zeigen*

→ Förderung der Rechts-links-Koordination
→ den Wechsel zwischen lauten (Blitz, laufen) und leisen (Regen, Schirm) Textpassagen und Gesten genießen und lautmalerisch gestalten

3.
Im Herbst

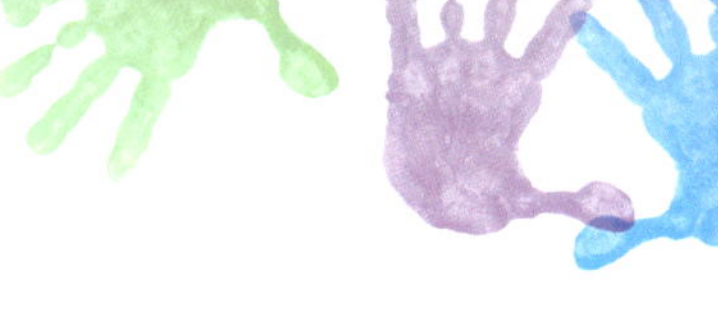

Schöner Herbst

überliefert

Ich mag im Herbst den Früchteduft
und Vogelschwärme in der Luft.

Ich mag den Wind, der pfeift und singt
und alles durcheinanderbringt.

Ich mag im Herbst die bunten Blätter,
den Nebel und das ... Schmuddelwetter!

aus: Gabriele Westhoff, „Herbst- und Martinslieder", Fidula-Verlag Holzmeister GmbH, Koblenz

Ich mag im Herbst den Früchteduft	*schnuppern – „hmmmm"*
und Vogelschwärme in der Luft.	*beide Daumen einhaken und einen Vogel fliegen lassen (siehe S. 34)*
Ich mag den Wind, der pfeift und singt	*mit der Stimme den Wind pfeifen und brausen lassen*
und alles durcheinanderbringt.	*die Hände umeinanderdrehen*
Ich mag im Herbst die bunten Blätter,	*mit den Händen fallende Blätter zeigen*
den Nebel und das ... Schmuddelwetter!	*Nebel = Hand vor Augen; ... = Spannung aufbauen; bei „Schmud-" 1x mit beiden Händen auf die Beine patschen*

→ Stimmimprovisationen beim Brausen des Windes

Siehe auch: FINGERGESCHICHTEN FÜR DIE KLEINSTEN → Der Herbst ist da (S. 86)

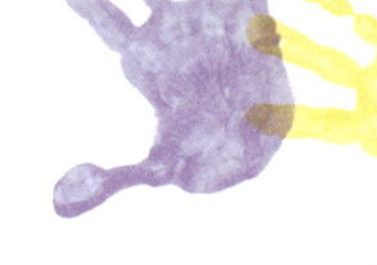

KK

VSK

Habt ihr schon den Herbst gesehn?

überliefert

Habt ihr schon den Herbst gesehn?
Er kommt mit Sturm und Regen.
Schnell den Besen hergebracht –
wir wollen Blätter fegen.
Wo ist die Jacke? Zieh sie an!
Setz auf den Kopf die Mütze,
und mit den Stiefeln gehn wir dann,
pitsch, patsch, durch jede Pfütze.

Habt ihr schon den Herbst gesehn?	*beide Hände suchend an die Augen halten*
Er kommt mit Sturm und Regen.	*mit den Fingern Tropfen fallen lassen*
Schnell den Besen hergebracht –	*imaginären Besen mit beiden Fäusten übereinander festhalten*
wir wollen Blätter fegen.	*fegen*
Wo ist die Jacke? Zieh sie an!	*Hände fragend von sich strecken; bei „an" über Kreuz auf die Oberarme patschen*
Setz auf den Kopf die Mütze,	*gestisch eine Mütze aufsetzen*
und **mit** den **Stie**feln **gehn** wir **dann,** pitsch, **patsch,** durch **je**de **Pfüt**ze.	*im Wechselschlag mit beiden Händen auf Boden/Beine/Tisch patschen*

Hört ihr den Wind?

überliefert
Arr.: Gabriele Westhoff

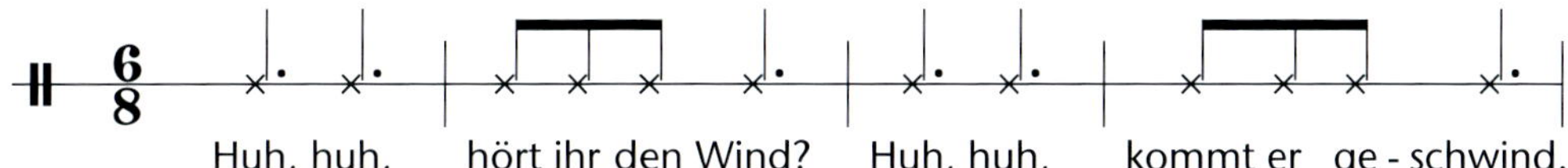

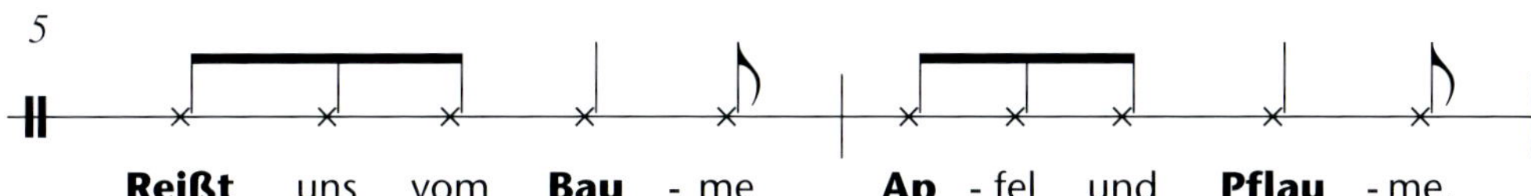

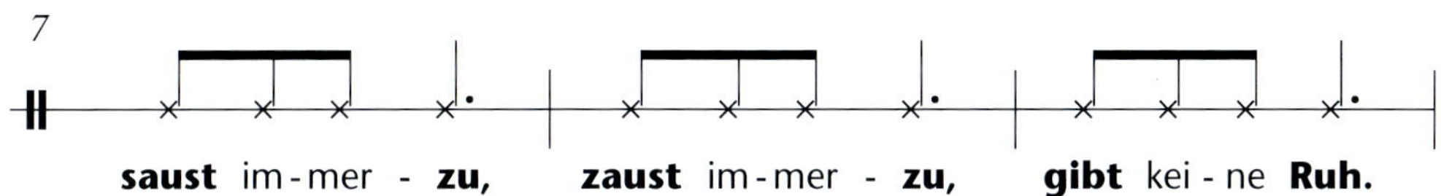

Takt 1+3: *bei „Huh" jeweils eine Faust nach vorn strecken und schnell öffnen*
Takt 5+6: *4x auf Boden/Tisch/Beine patschen*
Takt 7-9: *die Hände 6x aneinander vorbeiwischend abwechselnd nach vorne strecken*
Takt 11+12: *bei „Huh" die Hände über beide Takte ganz schnell umeinanderdrehen*

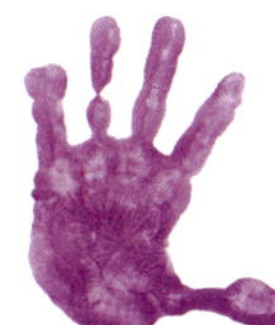

Alternative

Begleitung mit **Handtrommeln:**

Takt 1+3: *2x im Kreis über die Handtrommel wischen*
Takt 5+6: *im Metrum 4x mit flacher Hand auf der Trommel spielen*
Takt 7-9: *im Wortrhythmus mit den Fingerspitzen auf der Trommel spielen*
Takt 11+12: *über die Trommel wischen*

→ Kennenlernen des 6/8-Taktes

Siehe auch: KANONS → Knusper, knusper, knäuschen (S. 172)
SPIELE MIT INSTRUMENTEN UND MATERIAL → Der Schnupfen (S. 160)

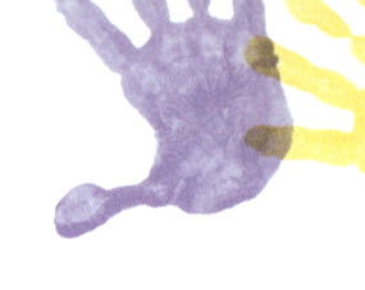

KK

VSK

Eine Woche Regen

Gabriele Westhoff

Am Montag zieh'n zwei Regenwolken über unser Haus.
Sie schieben sich mal hin, mal her – dann regnen sie sich aus.

Am Dienstag zieh'n zwei Regenwolken über unser Haus.
Sie schieben sich mal hin, mal her – dann regnen sie sich aus.

Am Mittwoch zieh'n zwei Regenwolken über unser Haus.
Sie bringen Blitz und Donner mit – dann regnen sie sich aus.

Am Donnerstag zieh'n zwei Regenwolken über unser Haus.
Sie bringen Blitz und Donner mit – dann regnen sie sich aus.

Am Freitag zieh'n zwei Regenwolken über unser Haus.
Sie boxen, streiten, zanken sich – dann regnen sie sich aus.

Am Samstag zieh'n zwei Regenwolken über unser Haus.
Sie boxen, streiten, zanken sich – dann regnen sie sich aus.

Am Sonntag zieh'n zwei Regenwolken über unser Haus.
Der Wind, der pustet sie davon – da kommt die SONNE raus.

Am ... zieh'n zwei Regenwolken über unser Haus.	*hier die beiden Fäuste in der Luft hin und her bewegen*
Sie schieben sich mal hin, mal her – dann regnen sie sich aus.	*Fäuste gegeneinanderdrücken und nach rechts und links schieben; dann 10 Finger von oben nach unten zappeln lassen*
Sie bringen Blitz und Donner mit – dann regnen sie sich aus.	*Blitz: 1x klatschen/Donner: 1x patschen; dann 10 Finger von oben nach unten zappeln lassen*
Sie boxen, streiten, zanken sich – dann regnen sie sich aus.	*mit beiden Fäusten in die Luft boxen; dann mit 10 Fingern Regen auf dem Boden/Tisch spielen*
Der Wind, der pustet sie davon – da kommt die SONNE raus.	*gegen die beiden Fäuste pusten: die Fäuste öffnen sich und beschreiben einen großen Kreis, oben beginnend (Sonne)*

→ Durch die Wiederholungen sprechen die Kinder schnell die Strophentexte mit.

KK

VSK

Zottelsaum, der Apfeldieb

überliefert

Da steht der große Apfelbaum,
da kommt der kleine Zottelsaum,
der will die ganzen Äpfel klau'n.
Er klettert hoch von Ast zu Ast,
hat alle Äpfel angefasst.

Der erste Apfel schmeckt sauer. Brrr!
Der zweite Apfel schmeckt faul. Pfui!
Der dritte Apfel hat einen Wurm. Igitt!
Der vierte Apfel hat eine Wespe. Sssitt!
Der fünfte Apfel ist klein, der schmeckt fein. Hmmm!

Da kommt der große Pustewind. Huittt!
Da wackelt aber der Apfelbaum.
Da zappelt aber der Zottelsaum,
und bautz – da rutscht er herunter!

aus: Gabriele Westhoff, „Herbst- und Martinslieder", Fidula-Verlag Holzmeister GmbH, Koblenz

Da steht der große Apfelbaum,	*Der eine Unterarm stellt einen Baum mit Ästen dar.*
da kommt der kleine Zottelsaum, der will die ganzen Äpfel klau'n.	*Zwei Finger der anderen Hand kommen gelaufen.*
Er klettert hoch von Ast zu Ast, hat alle Äpfel angefasst.	*Die Finger klettern auf den Baum.*
Der erste Apfel schmeckt sauer. Brrr! Der zweite Apfel schmeckt faul. Pfui! Der dritte Apfel hat einen Wurm. Igitt! Der vierte Apfel hat eine Wespe. Sssitt! Der fünfte Apfel ist klein, der schmeckt fein. Hmmm!	*nacheinander auf alle Finger der Baumhand tippen; ausdrucksstark sprechen*
Da kommt der große Pustewind. Huittt! Da wackelt aber der Apfelbaum. Da zappelt aber der Zottelsaum, und bautz – da rutscht er herunter!	*pusten – wackeln – zappeln – mit der Hand am Baum herunterrutschen*

→ Sprache lautmalerisch einsetzen und damit verschiedene Gefühle zum Ausdruck bringen

Siehe auch: TIERGESCHICHTEN → Von der Raupe zum Schmetterling (S. 111)

KK

VSK

Im Häuschen mit fünf Stübchen

Gustav Sichelschmidt

Im Häuschen mit fünf Stübchen,
eins, zwei, drei, vier, fünf,
da sitzen braune Bübchen
ohne Schuh und Strümpf.
Nicht Tür noch Tor führt ein und aus,
wer sie besucht, der isst das Haus.

Im Häuschen mit fünf Stübchen,	*eine Faust zeigen*
eins, zwei, drei, vier, fünf,	*die Faust öffnen und die Finger so abspreizen, dass der Daumen nach oben zeigt; vom kleinen Finger aus nach oben abzählen*
da sitzen braune Bübchen	*die Hand gestreckt lassen*
ohne Schuh und Strümpf.	*die Finger vom Daumen aus abzählen*
Nicht **Tür** noch **Tor** führt **ein** und **aus,** wer **sie** besucht, der **isst** das Haus.	*die Faust schließen und mit allen fünf Fingern der anderen Hand nacheinander an die Faust (beim „Daumenloch") tippen; bei „isst" umschließt die freie Hand plötzlich die Faust*

→ Der Vers wird nach einem Handwechsel wiederholt.
→ Förderung der Rechts-links-Koordination

Siehe auch: AUS ANDEREN LÄNDERN → Two Little Apples (S. 142)

KK

VSK

Fünf kleine Kartoffelmänner

überliefert

Fünf kleine Kartoffelmänner,
das waren pfiffige Leut'.
Der Dickste war der Kartoffelkönig,
der machte den Kindern viel Freud'.

Der Zweite war recht lang und fit,
drum machte man daraus Pommes Frites.
Der Dritte dann, könnt ihr's erraten,
wurde ein Knödel zum Schweinebraten.

Dem Vierten war es einerlei,
drum wurde er Kartoffelbrei.
Aus diesem Kleinen namens Fips,
da machte man Kartoffelchips.

Nun rutschen die Fünf ganz ohne Gemecker
in unseren Bauch – hmmmm, wie lecker!

aus: Gabriele Westhoff, „Herbst- und Martinslieder", Fidula-Verlag Holzmeister GmbH, Koblenz

Fünf kleine Kartoffelmänner, das waren pfiffige Leut'.	*fünf Finger zeigen*
Der Dickste war der Kartoffelkönig, der machte den Kindern viel Freud'.	*eine Faust bilden und sofort den Daumen nach oben strecken*
Der Zweite war recht lang und fit, drum machte man daraus Pommes Frites. Der Dritte dann, könnt ihr's erraten, wurde ein Knödel zum Schweinebraten. Dem Vierten war es einerlei, drum wurde er Kartoffelbrei. Aus diesem Kleinen namens Fips, da machte man Kartoffelchips.	*die anderen Finger nacheinander nach oben strecken, wobei die bereits ausgestreckten Finger stets ausgestreckt bleiben*
Nun rutschen die Fünf ganz ohne Gemecker in unseren Bauch – hmmmm, wie lecker!	*über den Bauch reiben*

→ Der Vers bietet eine Gesprächsgrundlage für die Frage:
Was wird alles aus Kartoffeln gemacht?
→ intensive Dehnung der Muskeln beim Fingerstrecken

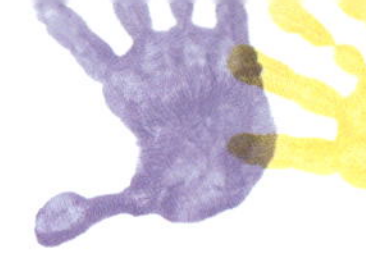

KK

VSK

Was ist das?

überliefert

Was ist groß wie ein Haus,
klein wie eine Maus,
stachlig wie ein Igel,
glatt wie ein Spiegel?
Was ist das? Ja, was ist das?

Was ist groß wie ein Haus,	*eine Hand hoch hinaufstrecken*
klein wie eine Maus,	*mit Daumen und Zeigefinger eine ganz kleine Strecke zeigen*
stachlig wie ein Igel,	*die Hände falten und alle Finger abstrecken*
glatt wie ein Spiegel?	*die Handinnenflächen nebeneinander vors Gesicht halten und in den Spiegel schauen*
Was ist das? Ja, **was ist das?**	*3x klatschen, dann 3x auf die Beine patschen*

→ Im Anschluss werden Kastanien mit und ohne Schale angeschaut und gefühlt.
→ Mit Hilfe der Gesten kann man Gegensätze „begreifen".
→ Schulung des Bewusstseins für Lautunterschiede

Siehe auch: SPIELE MIT INSTRUMENTEN UND MATERIAL
→ Kastanie, kleines Stacheltier (S. 159)

VSK

GSK

Der Nussknacker

(Wer knackt die Nuss?)

Josef Guggenmos

aus: Josef Guggenmos, „Was denkt die Maus am Donnerstag?",

Takt 1-8: *In den Achtel- und Viertelpausen werden die Fäuste mit den Fingerknochen je 1x gegeneinandergeklopft.*

Takt 9-16: *Im Wortrhythmus wird im Wechselschlag auf die Beine gepatscht; in den beiden Viertelpausen wird je 1x geklatscht.*

Alternative

Mit **zwei Walnüssen** mitspielen:

Takt 1-8: *in den Pausen die Nüsse gegeneinanderspielen*

Takt 9-12: *im Wechselschlag mit den Nüssen auf den Beinen spielen, in den beiden Viertelpausen je 1x die Nüsse gegeneinanderspielen*

→ Rhythmus- und Pausenempfinden verbessern
→ feinmotorische Schulung beim Einsatz der Nüsse

Siehe auch: SPIELE MIT INSTRUMENTEN UND MATERIAL → Der Nussknacker (S. 158)

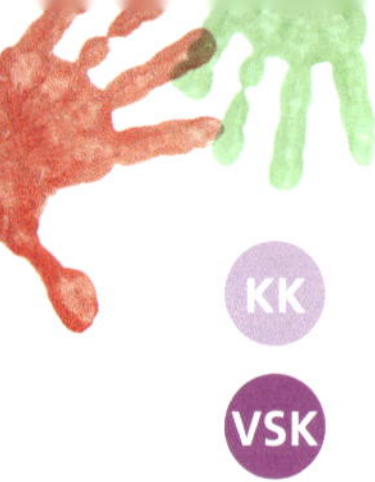

KK

VSK

Das Eichhörnchen

überliefert

Das Eichhorn flitzt im schnellen Lauf
auf den Nussbaum hoch hinauf.

Springt, wie so oft, in großer Hast
von Ast zu Ast zum höchsten Ast.
Da sitzt es nun in aller Ruh
und schaut den grauen Wolken zu.

Novemberwind weht hin und her,
das kleine Eichhorn schwankt nun sehr;
und hüpft nach einer kurzen Rast
zum nächsten und zum nächsten Ast.

Die schönste Nuss sucht es dort aus
und läuft den Stamm hinab nach Haus.

aus: Gabriele Westhoff, „Herbst- und Martinslieder", Fidula-Verlag Holzmeister GmbH, Koblenz

Einen Unterarm zum Baum aufrichten, die Finger der anderen Hand sind das Eichhörnchen.

Das Eichhorn flitzt im schnellen Lauf auf den Nussbaum hoch hinauf.	*Die Finger laufen den Baum hinauf.*
Springt, wie so oft, in großer Hast von Ast zu Ast zum höchsten Ast.	*Das Eichhörnchen springt zum Daumen, Zeige-, Mittelfinger der Baumhand.*
Da sitzt es nun in aller Ruh und schaut den grauen Wolken zu.	*Das Eichhörnchen sitzt still.*
Novemberwind weht hin und her, das kleine Eichhorn schwankt nun sehr;	*Kräftig pusten – der Baum mit dem Eichhörnchen schwankt hin und her.*
und hüpft nach einer kurzen Rast zum nächsten und zum nächsten Ast.	*Das Eichhörnchen springt weiter zum Ring- und kleinen Finger.*
Die schönste Nuss sucht es dort aus und läuft den Stamm hinab nach Haus.	*Die Finger laufen den Baum wieder hinab.*

4.
Im Winter

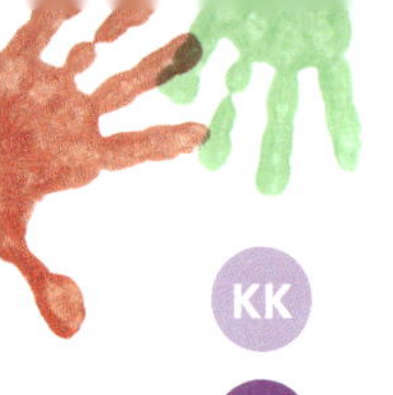

KK

VSK

Schnee, Schnee, Schnee

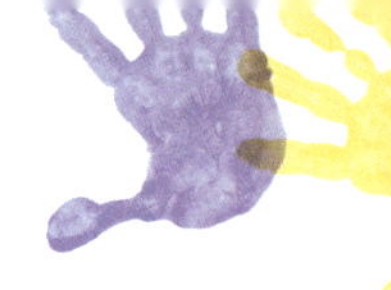

Helga Maria List

1. Schnee, Schnee, Schnee,
   wohin ich seh, liegt Schnee!
   Auf den Dächern, auf dem Zaun,
   herrlich glitzernd anzuschaun:
   der Schnee, der Schnee.

2. Schnee, Schnee, Schnee,
   wohin ich seh, liegt Schnee!
   Kinder, holt den Schlitten raus,
   rodeln wolln wir hinterm Haus
   im Schnee, im Schnee!

3. Schnee, Schnee, Schnee,
   wohin ich seh, liegt Schnee!
   Eine lust'ge Schneeballschlacht
   wird heut sicher noch gemacht
   im Schnee, im Schnee!

1. Schnee, Schnee, Schnee,	*3x klatschen*
wohin ich seh, liegt Schnee!	*die Hand an die Augen halten, suchend um sich schauen*
Auf den Dächern, auf dem Zaun,	*ein Dach zeigen, dann die Hände falten und die Finger dabei abstrecken (Zaun)*
herrlich glitzernd anzuschaun:	*Die Finger zappeln langsam von oben nach unten.*
der **Schnee, der Schnee.**	*3x klatschen*

2. Schnee, Schnee, Schnee,	*3x klatschen*
wohin ich seh, liegt Schnee!	*die Hand an die Augen halten, suchend um sich schauen*
Kinder, holt den Schlitten raus,	*mit der flachen Hand einen Schlitten zeigen*
rodeln wolln wir hinterm Haus	*Beide Hände sausen abwechselnd den Berg hinab.*
im **Schnee, im Schnee!**	*3x klatschen*

3. Schnee, Schnee, Schnee,	*3x klatschen*
wohin ich seh, liegt Schnee!	*die Hand an die Augen halten, suchend um sich schauen*
Eine lust'ge Schneeballschlacht wird heut sicher noch gemacht	*Schneebälle mit den hohlen Händen formen*
im **Schnee**, im **Schnee!**	*weit ausholen und bei „Schnee" je einen Schneeball mit rechts und mit links werfen*

KK

VSK

Frau Holle

überliefert

Frau Holle in dem Winterhaus
schaut aus dem Wolkenfenster raus.
„Was seh ich da unten? Weit und breit
hat es schon lang nicht mehr geschneit!
Nun schüttle ich die Betten aus!"
Da rieseln Flocken sacht heraus
auf Wiesen, Wege, auf das Gras,
auch auf das Ohr vom kleinen Has'.
Und nun zuletzt auf – deine Nas'!

Frau Holle in dem Winterhaus schaut aus dem Wolkenfenster raus.	*eine Hand an die Augen halten, Ausschau halten*
„Was seh ich da unten? Weit und breit hat es schon lang nicht mehr geschneit!	*mit den Schultern zucken, den Kopf schütteln*
Nun schüttle ich die Betten aus!"	*gestisch die Kissen ausschütteln*
Da rieseln Flocken sacht heraus	*mit allen Fingern langsam von oben nach unten zappeln (Schneeflocken)*
auf Wiesen, Wege, auf das Gras,	*mit den Händen eine Fläche zeigen*
auch auf das Ohr vom kleinen Has'.	*mit den Fingern ein Häschen zeigen (Zeige- und Mittelfinger bilden die Ohren, die restlichen Finger werden zur Faust geschlossen)*
Und nun zuletzt auf – deine Nas'!	*mit dem Zeigefinger auf die Nase stupsen*

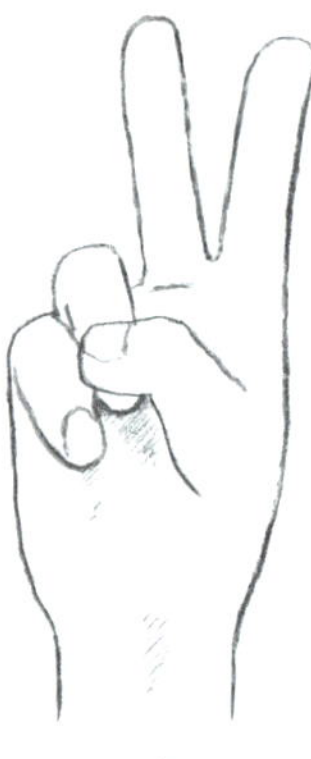

Häschen

KK

Pille, palle, polle

überliefert

Pille, palle, polle,
da oben wohnt Frau Holle.
Sie schüttelt ihre Betten aus,
da kommen weiße Flöckchen raus.
Ticke, tacke, tocke,
seht nur die große Flocke.
Sie setzt sich auf den Gartenzaun
und möchte dort ein Häuschen baun.

Pille, **pal**le, **pol**le, da oben wohnt Frau Holle.	*3x klatschen, dann mit einem Finger nach oben zeigen.*
Sie schüttelt ihre Betten aus, da kommen weiße Flöckchen raus.	*ein imaginäres Kissen ausschütteln, dann die Finger öffnen und nach unten zappeln lassen*
Ticke, **ta**cke, **to**cke, seht nur die große Flocke.	*3x klatschen, dann mit den Zeigefingern eine große Flocke malen*
Sie setzt sich auf den Gartenzaun und möchte dort ein Häuschen baun.	*die Finger verschränken (wie zum Beten falten und alle Finger abstrecken), danach mit den Händen über dem Kopf ein Dach andeuten*

→ feinmotorische Schulung

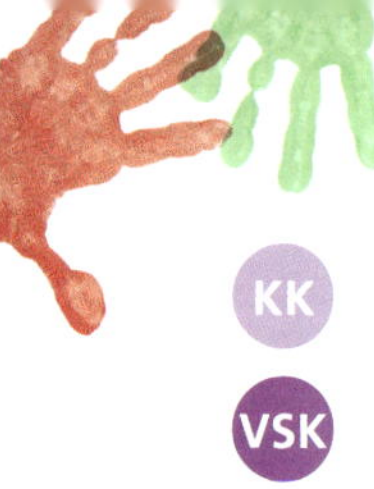

KK

VSK

Fünf Schneeflocken

Gabriele Westhoff

Fünf Schneeflocken hocken im Wolkennest,
der Wind, er pustet und schüttelt sie fest.
Die kleinste Flocke ruft: „Nein, oh nein!
Ich will gar nicht fliegen, lass das sein!"
Die zweite Flocke ruft: „Nein, oh nein!
Ich will gar nicht fliegen, lass das sein!"
Die dritte Flocke ruft: „Nein, oh nein!..."
Die vierte Flocke ruft: „Nein, oh nein!..."
Der fünften Flocke wird es zu dumm:
„Lasst mich hinaus, ich flieg jetzt herum!"
Das bringt auch die anderen Flocken auf Trab,
sie wirbeln und tanzen zur Erde hinab.

Fünf Schneeflocken hocken im Wolkennest, der Wind, er pustet und schüttelt sie fest.	*eine Faust zeigen, am Ende darauf pusten*
Die kleinste Flocke ruft: „Nein, oh nein! Ich will gar nicht fliegen, lass das sein!"	*den kleinen Finger zeigen und wie alle folgenden Finger in der Position belassen, am Ende darauf pusten*
Die zweite Flocke ruft: „Nein, oh nein! Ich will gar nicht fliegen, lass das sein!"	*den Ringfinger zeigen, am Ende pusten*
Die dritte Flocke ruft: „Nein, oh nein!..."	*den Mittelfinger zeigen, am Ende pusten*
Die vierte Flocke ruft: „Nein, oh nein!..."	*den Zeigefinger zeigen, am Ende pusten*
Der fünften Flocke wird es zu dumm: „Lasst mich hinaus, ich flieg jetzt herum!"	*den Daumen zeigen, am Ende pusten*
Das bringt auch die anderen Flocken auf Trab, sie wirbeln und tanzen zur Erde hinab.	*mit langsam zappelnden Fingern die tanzenden Schneeflocken zeigen*

→ Durch die vielen Textwiederholungen werden die Kinder sehr schnell zum Mitsprechen animiert.

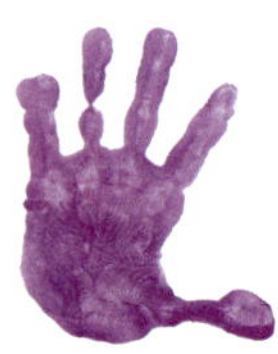

Der Vers (und auch andere Schneegeschichten) kann sehr schön mit einem selbstgearbeiteten **Schneeflocken-Handschuh** eingeführt werden:
An einen grauen Finger-Wollhandschuh wird an jeder Fingerspitze innen ein kleiner weißer Pompon angenäht – und damit wird die Geschichte erzählt.

KK

VSK

Der Schneemann

überliefert

Der Schneemann und die Schneefrau,
die stehn an ihrem Platz.
Doch wenn ganz warm die Sonne scheint,
zerfließen sie zu Matsch.
Der Schneemann und die Schneefrau,
die machen einen Schwatz.
Doch wenn dann noch der Regen fällt,
ist's aus mit ihnen – platsch!

Der Schneemann und die Schneefrau,	*erst die eine Faust zeigen, dann die andere Faust*
die stehn an ihrem Platz.	*bei „Platz" mit beiden Fäusten auf den Boden/Tisch klopfen*
Doch wenn ganz warm die Sonne scheint,	*mit beiden Händen einen großen Kreis beschreiben, oben beginnend (Sonne)*
zerfließen sie zu Matsch.	*die Hände umeinanderdrehen, bei „Matsch" 1x klatschen*
Der Schneemann und die Schneefrau,	*erst mit der einen, dann mit der anderen Faust auf den Boden/Tisch klopfen*
die machen einen Schwatz.	*Beide Daumen berühren sich.*
Doch wenn dann noch der Regen fällt,	*Alle Finger zappeln von oben nach unten.*
ist's aus mit ihnen – platsch!	*mit beiden Händen bei „platsch" 1x auf den Boden patschen*

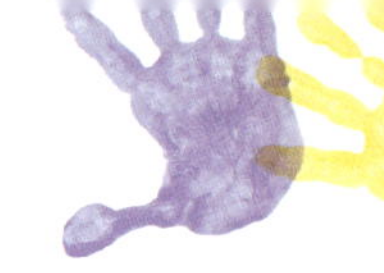

KK

VSK

Hurra, ihr Leut'

Lieselotte Holzmeister

1. Hurra, hurra, ihr Leut',
   wir fahren Schlitten heut.
   Die Welt ist wie ein Zuckerbrot,
   so weiß bestreut.

2. Heißa, heißa, he,
   wir fahren in den Schnee.
   Wir fahren in den Graben rein,
   pardautz, das tut nicht weh!

1. Hu**rra**, hu**rra**, ihr **Leut'**,	*3x klatschen*
wir fahren Schlitten heut.	*2x mit der flachen rechten und linken Hand im Wechsel den Berg hinuntersausen*
Die Welt ist wie ein Zuckerbrot,	*Schneeflocken zeigen, die vom Himmel fallen*
so weiß bestreut.	*mit den Fingerspitzen auf dem Boden/Tisch spielen*

2. Heißa, **hei**ßa, **he,**	*3x klatschen*
wir fahren in den Schnee.	*mit der flachen rechten und linken Hand im Wechsel den Berg hinuntersausen*
Wir fahren in den Graben rein,	*im Wortrhythmus abwechselnd auf die Beine patschen (schneller und lauter werden)*
pardautz, das tut nicht weh!	*bei „-dautz" 1x mit beiden Händen gleichzeitig auf die Beine oder den Boden patschen*

→ Der Vers kann in der Eltern-Kind-Gruppe im Anschluss auch als Kniereiter gestaltet werden.

KK

VSK

Leise, leise

Ingrid Burmeister

Leise, leise, Schneeflocken auf der Reise.
Lustig sie sich drehen, wenn die Winde wehen.
Leise, leise, Schneeflocken auf der Reise.
Schlafen auf der Erde, dass es Winter werde.
Leise, leise, Schneeflocken auf der Reise.

Leise, leise, Schneeflocken auf der Reise.	*einen Zeigefinger an die Lippen legen, dann mit allen Fingern sachte zappeln und die Schneeflocken von oben nach unten fliegen lassen*
Lustig sie sich drehen, wenn die Winde wehen.	*die Hände umeinanderdrehen; bei „Win-" beide Hände öffnen und nach vorn strecken*
Leise, leise, Schneeflocken auf der Reise.	*wie oben*
Schlafen auf der Erde, dass es Winter werde.	*beide Hände als Kissen flach zusammenlegen und den Kopf darauflegen, dann die Arme über Kreuz (vor Kälte) reiben*
Leise, leise, Schneeflocken auf der Reise.	*wie oben*

→ den ganzen Vers sehr leise sprechen

KK

VSK

Die Maus

überliefert
Bearbeitung: Gabriele Westhoff

1. Die Maus, die wohnt im tiefen Wald.
   Im Winter ist's dort nass und kalt.
   Sie lebt in einem kleinen Haus,
   dort schläft sie jetzt, die kleine Maus.

2. Doch plötzlich hört sie da ein Klopfen,
   sind das denn etwa Regentropfen?
   Herr Hase klopft an ihre Tür:
   „Gemütlich ist es hier bei dir!"
   Der Hase kuschelt mit der Maus,
   dann wird es still im Mäusehaus.

3.-5. *mehrfach mit anderen Tieren wiederholen:*
   Frau Igel/ein Vogel/ein Fröschlein

6. So schlafen sie in guter Ruh.
   Und bist du müde, so leg dich dazu.

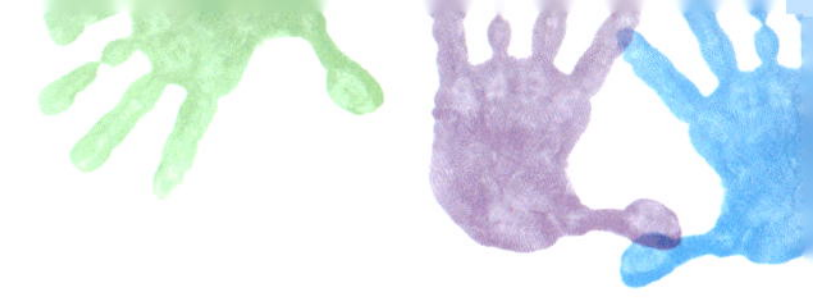

1. Die Maus, die wohnt im tiefen Wald. Im Winter ist's dort nass und kalt.	*Arme reiben und vor Kälte zittern*
Sie lebt in einem kleinen Haus, dort schläft sie jetzt, die kleine Maus.	*mit einer lockeren Faust das Mauseloch zeigen, den Zeigefinger der anderen Hand als „Fingermaus" darin verschwinden lassen*
2. Doch plötzlich hört sie da ein Klopfen, sind das denn etwa Regentropfen?	*auf den Boden/Tisch klopfen*
Herr Hase klopft an ihre Tür:	*Zeige- und Mittelfinger einer Hand ausstrecken, die restlichen Finger zur Faust schließen*
„Gemütlich ist es hier bei dir!" Der Hase kuschelt mit der Maus, dann wird es still im Mäusehaus.	*Tier noch weiter zeigen, dann den Zeigefinger an die Lippen legen*
3.-5. mehrfach mit anderen Tieren wiederholen: **Frau Igel/ein Vogel/ein Fröschlein**	***Igel:** die Hände falten und alle Finger abstrecken* ***Vogel:** Daumen und Zeigefinger wie einen Vogelschnabel öffnen und schließen* ***Frosch:** die vier Finger dicht nebeneinander und waagerecht halten, mit dem darunter liegenden Daumen das Froschmaul öffnen und schließen*

Hase *Igel* *Vogel* *Frosch*

6. So schlafen sie in guter Ruh. Und bist du müde, so leg dich dazu.	*beide Hände als Kissen flach zusammenlegen und an die Wange halten; evtl. schnarchen*

→ Strophen 3, 4 und 5 werden mit verschiedenen Tieren wiederholt, die 6. Strophe beendet das Spiel.
→ Förderung der Feinmotorik

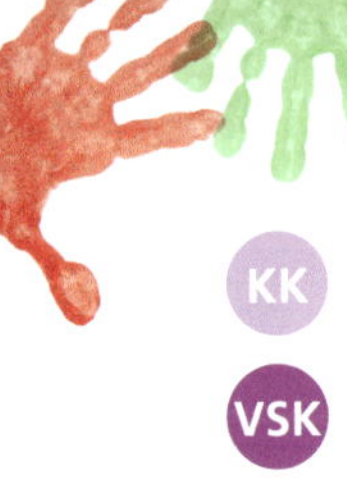

KK

VSK

Unser Vogelhaus

überliefert
Bearbeitung: Gabriele Westhoff

Jetzt ist es draußen bitterkalt: „huuuh",
und weicher Schnee fällt auch schon bald.
Die Vögel fliegen hin und her
und finden oft kein Futter mehr.
Kommt, bauen wir ein Vogelhaus
und streuen darin Futter aus.
Dann pickt die ganze Vogelschar,
genau wie im vergang'nen Jahr.

Jetzt ist es draußen bitterkalt: „huuuh",	*Arme reiben, „frieren"*
und weicher Schnee fällt auch schon bald.	*Schneeflocken durch langsames Fingerzappeln von oben nach unten darstellen*
Die Vögel fliegen hin und her	*die Daumen ineinander verschränken, mit den Flügeln (Händen) schlagen*
und finden oft kein Futter mehr.	*mit den Schultern zucken*
Kommt, bauen wir ein Vogelhaus	*mit beiden Händen ein Hausdach formen*
und streuen darin Futter aus.	*das Futter gestisch ausstreuen*
Dann pickt die ganze Vogelschar, genau wie im vergang'nen Jahr.	*mit den Zeigefingerspitzen auf dem Boden/Tisch picken*

→ Zuerst erzählt die Lehrkraft die Geschichte nur mit den Händen (ohne Text).
Dann die einzelnen Gesten von den Kindern erraten lassen und separat üben.
Erst am Ende Text und Gesten zusammenführen.

5.
Im Advent

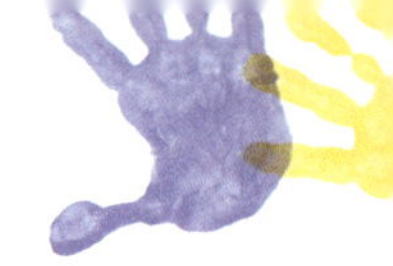

KK

VSK

GSK

Der Bratapfel

Fritz und Emilie Kögel
Bearbeitung: Gabriele Westhoff

1. Kinder, kommt und ratet,
   was im Ofen bratet!
   Hört nur, wie es knallt und zischt.
   Balde wird er aufgetischt:
   der Zipfel, der Zapfel,
   der Kipfel, der Kapfel,
   der gelbrote Apfel.

2. Kinder, laufet schneller,
   holt euch einen Teller,
   holt euch eine Gabel,
   sperrt dann auf den Schnabel:
   für den Zipfel, den Zapfel,
   den Kipfel, den Kapfel,
   den goldbraunen Apfel!

3. Sie pusten und prusten,
   sie gucken und schlucken,
   sie schnalzen und schmecken,
   sie lecken und schlecken:
   den Zipfel, den Zapfel,
   den Kipfel, den Kapfel,
   den knusprigen Apfel.

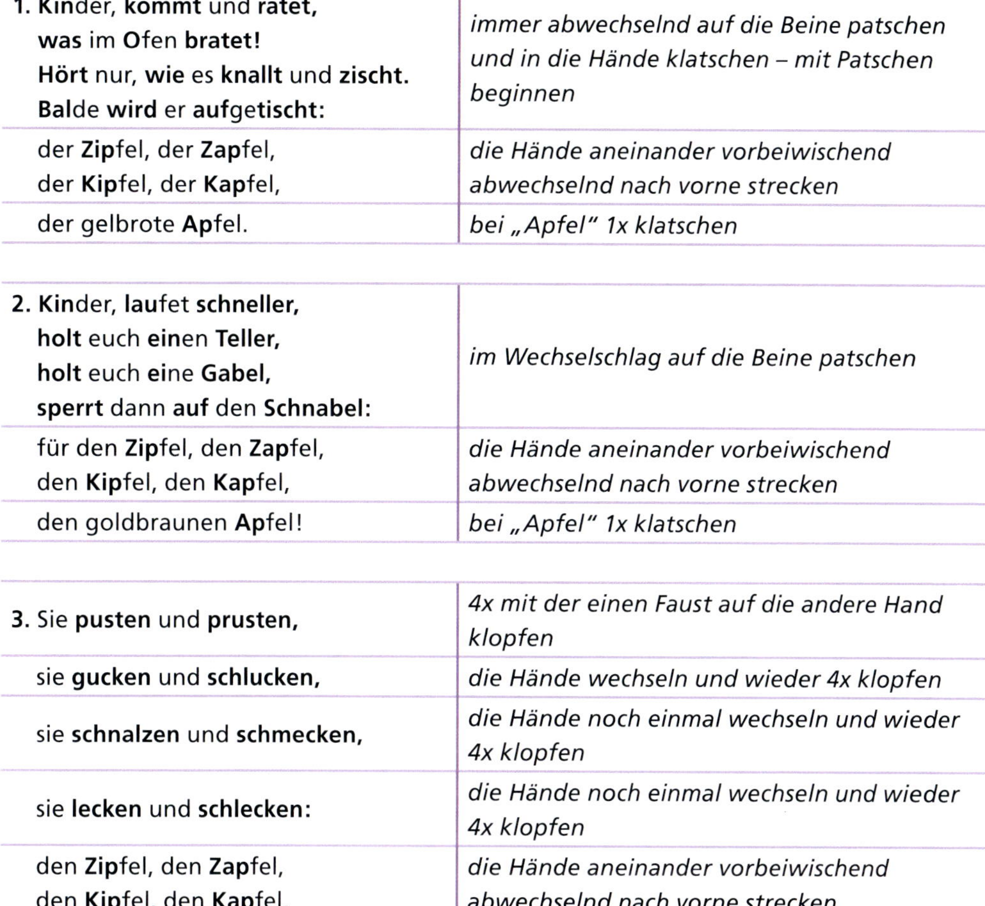

1. **Kin**der, **kommt** und **ratet,** **was** im **O**fen **bratet!** **Hört** nur, **wie** es **knallt** und **zischt.** **Bal**de **wird** er **auf**ge**tischt:**	*immer abwechselnd auf die Beine patschen und in die Hände klatschen – mit Patschen beginnen*
der **Zip**fel, der **Zap**fel, der **Kip**fel, der **Kap**fel,	*die Hände aneinander vorbeiwischend abwechselnd nach vorne strecken*
der gelbrote **Ap**fel.	*bei „Apfel" 1x klatschen*

2. **Kin**der, **lau**fet **schneller,** **holt** euch **ein**en **Teller,** **holt** euch **ei**ne **Gabel,** **sperrt** dann **auf** den **Schnabel:**	*im Wechselschlag auf die Beine patschen*
für den **Zip**fel, den **Zap**fel, den **Kip**fel, den **Kap**fel,	*die Hände aneinander vorbeiwischend abwechselnd nach vorne strecken*
den goldbraunen **Ap**fel!	*bei „Apfel" 1x klatschen*

3. Sie **pusten** und **prusten,**	*4x mit der einen Faust auf die andere Hand klopfen*
sie **gucken** und **schlucken,**	*die Hände wechseln und wieder 4x klopfen*
sie **schnalzen** und **schmecken,**	*die Hände noch einmal wechseln und wieder 4x klopfen*
sie **lecken** und **schlecken:**	*die Hände noch einmal wechseln und wieder 4x klopfen*
den **Zip**fel, den **Zap**fel, den **Kip**fel, den **Kap**fel,	*die Hände aneinander vorbeiwischend abwechselnd nach vorne strecken*
den knusprigen **Ap**fel.	*bei „Apfel" 1x klatschen*

→ metrische Schulung
→ Artikulationstraining

KK

Nuss-Strudel

überliefert
Bearbeitung: Gabriele Westhoff

Nuss-Strudel, Nuss-Strudel
essen alle Kinder gern.
Große Kinder, kleine Kinder,
Damen und auch Herrn.

Nuss-Strudel, Nuss-Strudel –
knackt die Nüsse, hackt sie klein,
rollt sie in den Teig hinein –
Strudel wird bald fertig sein.

Nuss-Strudel, Nuss-Strudel –
Kinder, kommt im Dauerlauf,
streut noch Zimt und Zucker drauf
und wir essen alles auf – hmmm!

Nach einer Explorationsphase begleitet man den Vers mit **zwei Walnüssen**.
Dabei werden alle Strophen gleich begleitet:

1. Zeile: **Nuss-Strudel, Nuss-Strudel**	*Nüsse im Wortrhythmus gegeneinanderspielen: „lang-kurz-kurz, lang-kurz-kurz"*
2. Zeile: **essen alle Kinder gern.**	*mit den Nüssen auf den Beinen im Wechselschlag zu jeder Silbe mitspielen*
3. Zeile: **Große Kinder, kleine Kinder,**	*die Nüsse kreisförmig gegeneinander reiben*
4. Zeile: **Damen und** auch **Herrn.** … **Stru**del **wird** bald **fer**tig **sein.** … **und** wir **es**sen **al**les **auf** – hmmm!	*auf dem Boden im Parallelschlag mitspielen*

Am Ende des Gedichtes mit den Nüssen genüsslich über den Bauch reiben.

→ metrisch-rhythmische Schulung
→ Förderung der Feinmotorik beim Spiel mit den Nüssen

KK

VSK

Fünf Wichtel

Gabriele Westhoff

Fünf Wichtel woll'n heut Nüsse knacken
und die Weihnachtsplätzchen backen.
Der erste will den Teig verrühren,
der zweite heimlich mal probieren.
Der dritte sticht die Plätzchen aus,
der vierte ruht sich lieber aus.
Der fünfte Wicht ist noch sooo klein –
und isst die Plätzchen ganz allein – hmmm!

Fünf Wichtel woll'n heut Nüsse knacken und die Weihnachtsplätzchen backen.	*fünf Finger einer Hand hochstrecken*
Der erste will den Teig verrühren, der zweite heimlich mal probieren.	*Daumen zeigen, dann mit dem Daumen nach unten gestreckt in einer imaginären Schüssel rühren; den Zeigefinger dazu hochstrecken, dann in den „Teig" eintunken und den Zeigefinger (imaginär) ablecken*
Der dritte sticht die Plätzchen aus, der vierte ruht sich lieber aus.	*Mittelfinger zusätzlich hochstrecken, dann mit der Fingerspitze mehrfach auf den Tisch/Boden tippen; den Ringfinger etwas erschöpft hochstrecken*
Der fünfte Wicht ist noch sooo klein – und isst die Plätzchen ganz allein – hmmm!	*den kleinen Finger dazu hochstrecken, bei „sooo" mit Daumen und Zeigefinger eine geringe Höhe anzeigen; am Ende genüsslich den Bauch reiben*

→ intensive Dehnung der Muskeln beim Fingerstrecken

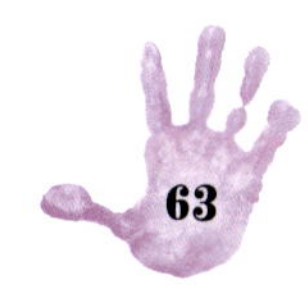

KK

VSK

Bitterkalt

überliefert

Draußen ist es bitterkalt, hu, hu, hu,
da stapft Knecht Ruprecht durch den Wald, hu, hu, hu.
Doch oben hoch am Himmelszelt,
da schau'n die Sterne in die Welt,
bis dass der Schnee herunterfällt.

Draußen ist es bitterkalt, hu, hu, hu,	*frieren, Hände und Körper reiben*
da **stapft** Knecht **Rup**recht **durch** den **Wald, hu, hu, hu.**	*mit den Händen abwechselnd auf den Boden/Tisch patschen*
Doch oben hoch am Himmelszelt,	*den Himmel oben zeigen*
da **schau'n** die **Ster**ne **in** die **Welt,**	*die Fäuste 4x abwechselnd nach vorn strecken und schnell öffnen*
bis dass der Schnee herunterfällt.	*langsames Fingerzappeln von oben nach unten*

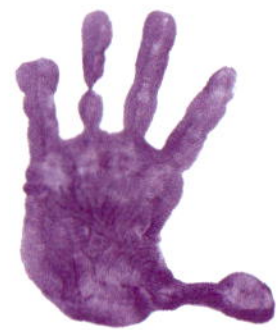

Alternative

mit **Instrumenten des Orff-Instrumentariums** begleiten:

1. Zeile *bei „hu, hu, hu" 3x eine Cymbel spielen*
2. Zeile *mit Klanghölzern im Grundschlag begleiten*
3. Zeile *Glöckchen schütteln*
4. Zeile *die Triangel 4x spielen*
5. Zeile *mit Fingercymbeln begleiten*

Holler, boller, Rumpelsack

Liselotte Rockel

1. Holler, boller, Rumpelsack,
   Niklas trug sie huckepack:
   Weihnachtsnüsse gelb und braun,
   runzlig, punzlig anzuschaun.

2. Knackt die Schale, springt der Kern:
   Weihnachtsnüsse ess ich gern.
   Komm bald wieder in dies Haus,
   guter alter Nikolaus.

aus: Liselotte Rockel, „Das Liedernest", © Fidula-Verlag Holzmeister GmbH, Koblenz

1. Holler, boller, Rumpelsack, **Niklas trug sie huckepack:**	*im Wortrhythmus auf dem Rücken des Partners mit der flachen Hand spielen*
Weihnachtsnüsse gelb und braun, **runzlig, punzlig anzuschaun.**	*mit den Fäusten sanft über den Rücken reiben*

Beide Strophen werden gleich begleitet, dann tauschen die Partner die Rollen und der Vers beginnt erneut.

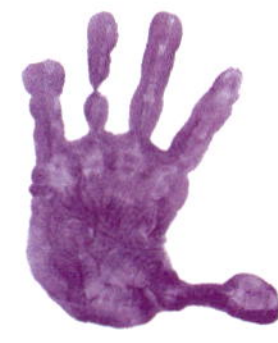

Alternative

Begleitung mit **zwei Walnüssen**:

1. Str., Zeile 1-2	*mit zwei Walnüssen auf dem Boden/Tisch im Wortrhythmus im Wechselschlag spielen*
Zeile 3-4	*die beiden Nüsse gegeneinanderreiben*
2. Str., Zeile 1-2	*die Nüsse im Rhythmus gegeneinanderspielen: „kurz-kurz-lang, kurz-kurz-lang"*
Zeile 3-4	*mit beiden Nüssen gleichzeitig auf Boden/Tisch spielen, bei „Nikolaus" noch 3x gleichzeitig klopfen*

→ Auch mit den Walnüssen kann auf dem **Rücken** des Partners gespielt werden.
→ Förderung der Feinmotorik beim Spiel mit den Nüssen
→ metrisch-rhythmische Schulung

KK

VSK

Wer kann denn das nur sein?

Christel Klotz
Bearbeitung: Gabriele Westhoff

Wer kann denn das nur sein?
Wer kommt zu uns herein?
Hat einen langen weißen Bart
und kommt daher von weiter Fahrt.
Wer kann denn das nur sein?
Wer kommt zu uns herein?
Er kommt mit einem großen Sack –
seht her, den trägt er huckepack.
Wer kann denn das nur sein?
Wer kommt zu uns herein?
Bringt Äpfel, Nüss' und Mandelkern,
die essen alle Kinder gern.
Wer steht vor unserm Haus?
Es ist der Nikolaus!

Wer **kann** denn **das** nur **sein?**	*mit der einen Faust 3x auf die andere Hand klopfen („an die Tür klopfen“)*
Wer **kommt** zu **uns** her**ein?**	*3x abwechselnd auf die Beine patschen*
Hat einen langen weißen Bart	*mit einer Hand am Kinn herunterfahren und einen langen Bart andeuten*
und kommt daher von weiter Fahrt.	*mit dem Arm einen großen Bogen in der Luft ausführen*
Wer **kann** denn **das** nur **sein?** Wer **kommt** zu **uns** her**ein?**	*wie oben*
Er kommt mit einem großen Sack –	*mit den Händen einen großen Sack zeigen*
seht her, den trägt er huckepack.	*bei „huckepack“ den imaginären Sack mit Schwung über die Schulter werfen*
Wer **kann** denn **das** nur **sein?** Wer **kommt** zu **uns** her**ein?**	*wie oben*
Bringt **Äp**fel, **Nüss'** und **Man**delkern,	*nacheinander drei Finger hochstrecken*
die essen alle Kinder gern.	*genüsslich den Bauch reiben*
Wer **steht** vor **un**serm **Haus?**	*mit der einen Faust 3x auf die andere Hand klopfen*
Es ist der **Nikolaus!**	*bei „Nikolaus“ 3x klatschen*

→ Durch die Textwiederholungen werden die Kinder schnell zum Mitsprechen animiert.

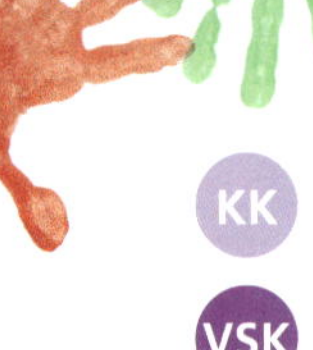

KK

VSK

Im Weihnachtsstall zu Bethlehem

KNISTER

Im Weihnachtsstall zu Bethlehem,
da war es schrecklich unbequem.
Der Wind blies rau und eisekalt
durch jeden Tür- und Bretterspalt.
Maria, Josef und das Kind,
die zitterten im Winterwind.
Fünf Schafe kamen von dem Feld
und haben sich dazugestellt.
Schnell rückten alle dicht an dicht,
so fühlten sie die Kälte nicht.

Im Weihnachtsstall zu Bethlehem, da war es schrecklich unbequem.	*Die Hände zeigen das Stalldach.*
Der Wind blies rau und eisekalt durch jeden Tür- und Bretterspalt.	*die Hände mit hochgestreckten Fingern falten, dann fest durch die Hände blasen*
Maria, Josef und das Kind, die zitterten im Winterwind.	*die Arme vor dem Körper kreuzen, zittern und den eigenen Körper reiben und wärmen*
Fünf Schafe kamen von dem Feld	*fünf Finger hochhalten*
und haben sich dazugestellt.	*mit den fünf Fingern den Arm hinaufkrabbeln*
Schnell rückten alle dicht an dicht, so fühlten sie die Kälte nicht.	*beide Fäuste sanft aneinanderreiben oder: Eltern und Kinder kuscheln miteinander.*

→ Förderung der Feinmotorik

KK

VSK

Fünf Weihnachtsengel

Gabriele Westhoff

Fünf Weihnachtsengel haben nun
vor Weihnachten sooo viel zu tun!
Der erste bringt die Winterluft,
der zweite zaubert Weihnachtsduft.
Der dritte tanzt den Weihnachtstanz,
der vierte sorgt für Sternenglanz.
Der fünfte schwebt noch schnell herein
und läutet mit dem Glöckchen fein.

Ein kleines **Glöckchen am Gummiband** wird vorab an den kleinen Finger gesteckt.

Fünf Weihnachtsengel haben nun vor Weihnachten sooo viel zu tun!	*fünf Finger zeigen*
Der erste bringt die Winterluft,	*auf den ersten Finger zeigen, dann frierend die Arme reiben*
der zweite zaubert Weihnachtsduft.	*auf den zweiten Finger zeigen, dann schnuppern*
Der dritte tanzt den Weihnachtstanz,	*auf den Mittelfinger zeigen und dann den Finger tanzen lassen*
der vierte sorgt für Sternenglanz.	*auf den Ringfinger zeigen, dann die andere Hand plötzlich öffnen (Stern leuchten lassen)*
Der fünfte schwebt noch schnell herein	*den kleinen Finger durch die Luft bewegen*
und läutet mit dem Glöckchen fein.	*und dabei mit dem Glöckchen läuten*

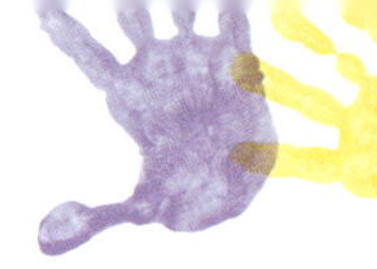

La Befana

aus Italien

1. La Befana vien di notte
   con le scarpe tutte rotte
   con le toppe alla sottana:
   Viva, viva la Befana!

2. La Befana vien di notte
   con le scarpe tutte rotte
   con vestito alla romana:
   Viva, viva la Befana!

Aussprache:
vien = wi-en
con = kon
le = lee
scarpe = skarpe
viva = wiwa

Wörtliche Übersetzung:
Die Weihnachtshexe

1. Die Befana kommt in der Nacht
   mit völlig verschlissenen Schuhen,
   mit Flicken auf dem Unterrock:
   Es lebe die Befana!

2. Die Befana kommt in der Nacht
   mit völlig verschlissenen Schuhen,
   mit römischer Kleidung:
   Es lebe die Befana!

1. **La** Be**fa**na **vien** di **not**te	*im Wechselschlag auf die Beine patschen*
con le **scar**pe **tut**te **rot**te	*mit einer Faust auf die andere Hand klopfen*
con le **top**pe **al**la sot**ta**na:	*mit den Handrücken abwechselnd von oben nach unten über die Kleidung wischen*
Viva, **vi**va **la** Be**fa**na!	*klatschen*

Die zweite Strophe wird wie die erste begleitet.

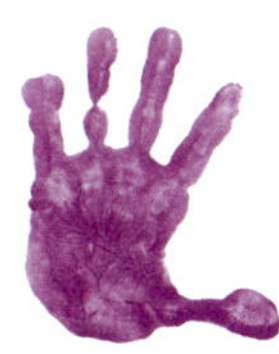

Alternative

Begleitung mit **Klanghölzern**:

1. **La** Be**fa**na **vien** di **not**te	*die Klanghölzer geräuschlos umeinander-drehen*
con le **scar**pe **tut**te **rot**te	*mit den Klanghölzern abwechselnd auf den Beinen spielen*
con le **top**pe **al**la sot**ta**na:	*die Klanghölzer gegeneinanderreiben*
Viva, **vi**va **la** Be**fa**na!	*die Klanghölzer gegeneinanderspielen*

→ In Italien kommt in der Nacht zum 6. Januar die Weihnachtshexe „Befana" auf ihrem Besen angeflogen und steckt den Kindern Süßigkeiten in ihre Stiefel.
→ Kennenlernen anderer Weihnachtsbräuche
→ Freude an der Aussprache fremdsprachiger Texte
→ Artikulationstraining

KK

VSK

Der Weihnachtsbaum

überliefert

Fünf Zwerglein schleichen zum Wald verstohlen,
sie wollen dort einen Weihnachtsbaum holen.
Der erste sucht das Bäumchen aus,
der zweite trägt es stolz nach Haus.
Der dritte stellt zu Haus es auf,
der vierte hängt den Schmuck darauf.
Der fünfte zündet die Kerzen an,
und alle zusammen singen dann.

Fünf Zwerglein schleichen zum Wald verstohlen,	*mit fünf Fingern über den Boden/Tisch schleichen*
sie wollen dort einen Weihnachtsbaum holen.	*einen Arm zum Baum aufstellen*
Der erste sucht das Bäumchen aus,	*den Daumen der anderen Hand zeigen und wie alle folgenden Finger in der Position belassen*
der zweite trägt es stolz nach Haus.	*den Zeigefinger zeigen*
Der dritte stellt zu Haus es auf,	*den Mittelfinger zeigen*
der vierte hängt den Schmuck darauf.	*den Ringfinger zeigen*
Der fünfte zündet die Kerzen an,	*den kleinen Finger zeigen*
und alle zusammen singen dann.	*mit vier Fingern oben und dem Daumen unten den „Mund" zum Singen öffnen und schließen*

→ Und was singen sie? Ein Weihnachtslied wird gleich im Anschluss an den Vers gesungen.
→ intensive Dehnung der Muskeln beim Fingerstrecken

Siehe auch: RITTERSLEUT UND ZWERGENVOLK → Feuerwerk (S. 100)

6. Fingergeschichten für die Kleinsten

KK

Meine Daumen

Günther Kretzschmar
Bearbeitung: Gabriele Westhoff

Mein Daumen an der einen Hand,
ja, der heißt Pim.
Mein Daumen an der andren Hand,
ja, der heißt Pam.
Pim und Pam, die strecken sich,
Pim und Pam, die necken sich,
Pim und Pam verstecken sich
und keiner kann sie sehn.

Mein Daumen an der einen Hand, ja, der heißt Pim.	*den einen Daumen zeigen*
Mein Daumen an der andren Hand, ja, der heißt Pam.	*den anderen Daumen zeigen*
Pim und Pam, die strecken sich,	*die Daumen ausstrecken*
Pim und Pam, die necken sich,	*Die Daumen stoßen sich mehrfach an.*
Pim und Pam verstecken sich	*Beide Daumen verschwinden in den geschlossenen Fäusten.*
und keiner kann sie sehn.	*die Fäuste anschauen und drehen*

→ feinmotorische Schulung,
besonders beim Verstecken der Daumen in den Fäusten

KK

VSK

Die große Reise

überliefert

Alle Finger meiner Hand
gehen auf die Reise:
Der kleine nach Australien,
der zweite nach Italien.
Der mittlere nach Afrika
und dieser hier nach Panama.
Der dicke Daumen fährt zum Nil
und trifft dort auf ein Krokodil.
Da kriegt er einen Riesenschreck
und sucht sich ganz schnell ein Versteck.

Alle Finger meiner Hand gehen auf die Reise:	*fünf Finger zeigen, am Schluss wieder einklappen*
Der kleine nach Australien,	*den kleinen Finger hochstrecken*
der zweite nach Italien.	*den Ringfinger dazu hochstrecken*
Der mittlere nach Afrika	*den Mittelfinger dazu hochstrecken*
und dieser hier nach Panama.	*den Zeigefinger dazu zeigen*
Der dicke Daumen fährt zum Nil	*nur den Daumen zeigen*
und trifft dort auf ein Krokodil.	*mit der anderen Hand ein Krokodilmaul öffnen*
Da kriegt er einen Riesenschreck	*Das Krokodilmaul kommt immer näher …*
und sucht sich ganz schnell ein Versteck.	*Der Daumen verschwindet in der Faust.*

→ Förderung der Rechts-links-Koordination (besonders, wenn sich das Krokodilmaul nähert und der Daumen in der Faust verschwindet)

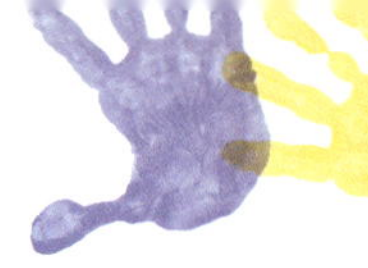

KK

Verreisen

überliefert
Bearbeitung: Gabriele Westhoff

Fünf Fingerleute wollen heute
auf die große Reise gehn.
Fünf Fingerleute wollen heute
mal die große Welt ansehn.

Es sagt der dicke Daumenmann:
„Ich fahre mit der Eisenbahn."
Der Zeigefinger, der sagt: „Nein,
ich steige in das Auto ein!"

Der Lange, der fährt Omnibus
und schickt uns einen Urlaubskuss.
Der Ringfinger will Seemann sein,
drum steigt er in ein Schifflein ein.

Ins Flugzeug steigt der kleine Mann,
sieht sich die Welt von oben an.
Viel gab's zu sehn, doch nun ist's aus,
die Fahrt war schön – jetzt geht's nach Haus!

Fünf Fingerleute wollen heute	*fünf Finger der einen Hand ausstrecken*
auf die große Reise gehn.	*mit der Hand einen großen Bogen zeigen*
Fünf Fingerleute wollen heute	*fünf Finger der anderen Hand ausstrecken*
mal die große Welt ansehn.	*mit der anderen Hand einen Bogen zeigen*
Es sagt der dicke Daumenmann: „Ich fahre mit der Eisenbahn."	*den Daumen abwechselnd hochstrecken und krümmen*
Der Zeigefinger, der sagt: „Nein, ich steige in das Auto ein!"	*den Zeigefinger ausstrecken und hin und her bewegen*
Der Lange, der fährt Omnibus	*den Mittelfinger bewegen*
und schickt uns einen Urlaubskuss.	*einen Kuss darauf geben und wegpusten*
Der Ringfinger will Seemann sein,	*den Ringfinger berühren*
drum steigt er in ein Schifflein ein.	*beide Hände zu einem kleinen Boot formen*
Ins Flugzeug steigt der kleine Mann, sieht sich die Welt von oben an.	*den kleinen Finger ausstrecken, durch die Luft fliegen lassen*
Viel gab's zu sehn, doch nun ist's aus,	*die Hand an die Augen legen und nach unten schauen*
die Fahrt war schön – jetzt geht's nach Haus!	*die Hände hinter dem Rücken verstecken*

Siehe auch: IM WINTER → Fünf Schneeflocken (S. 52)
IM ADVENT → Fünf Weihnachtsengel (S. 69)
IM ADVENT → Fünf Wichtel (S. 63)
IM ADVENT → Der Weihnachtsbaum (S. 72)
IM HERBST → Das Eichhörnchen (S. 46)
IM HERBST → Zottelsaum, der Apfeldieb (S. 41)
IM HERBST → Fünf kleine Kartoffelmänner (S. 43)

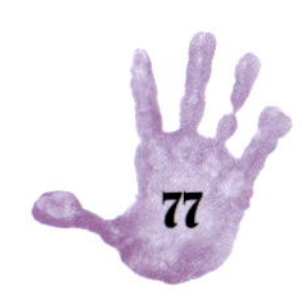

Munkepung und Schnickischneck

überliefert
Bearbeitung: Gabriele Westhoff

Hier ist ein Berg, dort ist ein Berg,
in jedem Berg, da wohnt ein Zwerg.
Es scheint der Mond um Mitternacht,
das Zwerglein Munkepung erwacht.

Im andern Berg schaut Schnickischneck
nun auch aus seinem Bergversteck.
Sie tanzen froh die ganze Nacht,
bis morgens dann der Tag erwacht.

Zuerst verschwindet Schnickischneck
in seinem dunklen Bergversteck.
Dann schlüpft mit einem großen Sprung
in seine Höhle Munkepung.

Hier steht ein Berg, da steht ein Berg,
in jedem schlummert nun ein Zwerg.

Zuerst in jeder Faust einen Daumen verstecken

Hier ist ein Berg, dort ist ein Berg,	*die eine und die andere Faust zeigen*
in jedem Berg, da wohnt ein Zwerg.	*beide Fäuste drehen*
Es scheint der Mond um Mitternacht, das Zwerglein Munkepung erwacht.	*den einen Daumen herausstrecken*
Im andern Berg schaut Schnickischneck nun auch aus seinem Bergversteck.	*den anderen Daumen herausstrecken*
Sie tanzen froh die ganze Nacht, bis morgens dann der Tag erwacht.	*die Daumen zappeln und berühren sich*
Zuerst verschwindet Schnickischneck in seinem dunklen Bergversteck.	*Der erste Daumen verschwindet wieder in der Faust.*
Dann schlüpft mit einem großen Sprung in seine Höhle Munkepung.	*Der zweite Daumen verschwindet in der Faust.*
Hier steht ein Berg, da steht ein Berg,	*beide Fäuste nacheinander zeigen*
in jedem schlummert nun ein Zwerg.	*laut schnarchen*

→ Artikulationstraining
→ Förderung der besonderen Beweglichkeit der Daumen

Siehe auch: GUTEN APPETIT → Da droben auf dem Berge (S. 131)
RITTERSLEUT UND ZWERGENVOLK → Die fünf Ritter (S. 93)
GUTEN APPETIT → Tisch decken (S. 129)
FINGERGESCHICHTEN FÜR DIE KLEINSTEN → Mein Lieblingseis (S. 84)
IM SOMMER → Die Biene (S. 26)

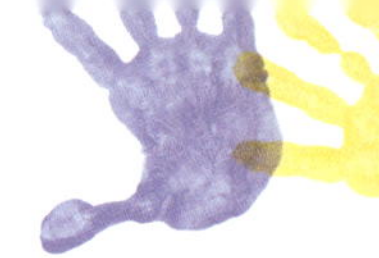

KK

Herr Schnick und Herr Schnack

überliefert
Bearbeitung: Gabriele Westhoff

Herr Schnick und Herr Schnack sind zwei Männlein im Sack.
Herr Schnick trägt die Mütze, Herr Schnack trägt den Hut
und beide vertragen sich meistens gut.
Sie hüpfen und tanzen mal hin und mal her,
nur manchmal, da ärgern und zanken sie sehr!
Und sind sie dann müde, Herr Schnick und Herr Schnack,
dann schlüpfen sie wieder in ihren Sack.

Herr Schnick und Herr Schnack sind zwei Männlein im Sack.	*zwei Fäuste zeigen, die Daumen sind darin versteckt*
Herr Schnick trägt die Mütze, Herr Schnack trägt den Hut	*den ersten Daumen, dann den zweiten Daumen hervorholen*
und beide vertragen sich meistens gut.	*Die Daumen tippen freundlich aneinander.*
Sie hüpfen und tanzen mal hin und mal her,	*Die Fäuste mit den ausgestreckten Daumen hüpfen auf dem Boden/Tisch.*
nur manchmal, da ärgern und zanken sie sehr!	*Die Daumen knuffen und zanken sich.*
Und sind sie dann müde, Herr Schnick und Herr Schnack,	*beide Daumen zeigen und gähnen*
dann schlüpfen sie wieder in ihren Sack.	*die Daumen nacheinander in den Fäusten verschwinden lassen; am Ende an den Fäusten horchen und laut schnarchen*

→ Förderung der Feinmotorik
→ Förderung der besonderen Beweglichkeit der Daumen

KK

VSK

Pinguin Kai

Gabriele Westhoff

Pinguin Kai schlüpft aus dem Ei.
Pinguin Per schwimmt schon im Meer.
Pinguin Jan zeigt, was er kann.
Pinguin Paul ist doch sehr faul.
Pinguin Nick findet sich schick.
Der Hunger ist groß, drum watscheln sie los
und tauchen geschwind – der Fischfang beginnt!

Pinguin Kai schlüpft aus dem Ei.	*den Daumen aus der geschlossenen Faust hervorholen*
Pinguin Per schwimmt schon im Meer.	*Der Zeigefinger bewegt sich schlängelnd hin und her.*
Pinguin Jan zeigt, was er kann.	*Der Mittelfinger streckt und krümmt sich.*
Pinguin Paul ist doch sehr faul.	*Der Ringfinger bewegt sich nur ein kleines Stück.*
Pinguin Nick findet sich schick.	*Der kleine Finger dreht und wendet sich etwas eitel.*
Der **Hung**er ist **groß,** drum **wat**scheln sie **los,**	*mit den flachen Händen abwechselnd auf den Boden patschen („Pinguin-Watschelgang")*
und tauchen geschwind – der Fischfang beginnt!	*dann die Handflächen aneinanderlegen, auf und ab bewegen;* *am Ende mit einem lauten Klatscher einen Fisch schnappen*

→ Die Kinder können die Endreime nach sehr kurzer Zeit mitsprechen.

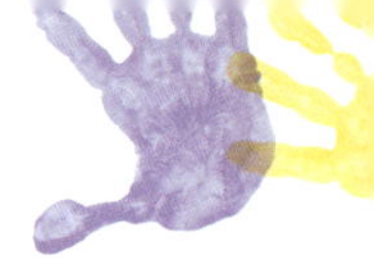

KK

Guten Tag, Frau Sonne

überliefert
Bearbeitung: Gabriele Westhoff

Fünf Fingerlein, die schlafen fest,
wie Vögelein in ihrem Nest.

Da kommt die Sonne hervor mit Macht,
davon ist der Daumen zuerst aufgewacht.
Er reckt sich und streckt sich und ruft dann erfreut:
„Guten Tag, Frau Sonne, schön ist es heut!"

Er klopft dem zweiten auf die Schulter ganz sacht,
davon ist dieser tatsächlich dann auch aufgewacht.
Er reckt sich und streckt sich und ruft dann erfreut:
„Guten Tag, Frau Sonne, schön ist es heut!"

Da haben die beiden gescherzt und gelacht,
davon sind die drei anderen dann auch aufgewacht.
Sie recken und strecken sich und rufen erfreut:
„Guten Tag, Frau Sonne, schön ist es heut!"

Fünf Fingerlein, die schlafen fest,	*fünf Finger zeigen, dann zur Faust ballen*
wie Vögelein in ihrem Nest.	*mit beiden Händen ein Nest formen*
Da kommt die Sonne hervor mit Macht,	*mit beiden Händen einen großen Kreis beschreiben, oben beginnend (Sonne)*
davon ist der Daumen zuerst aufgewacht.	*den Daumen hochstrecken*
Er reckt sich und streckt sich und ruft dann erfreut: **„Guten Tag, Frau Sonne, schön ist es heut!"**	*damit wackeln*
Er klopft dem zweiten auf die Schulter ganz sacht,	*mit dem aus der Faust gestreckten Daumen auf den Zeigefinger klopfen*
davon ist dieser tatsächlich dann auch aufgewacht.	*den Zeigefinger zeigen*
Er reckt sich und streckt sich und ruft dann erfreut: **„Guten Tag, Frau Sonne, schön ist es heut!"**	*den Zeigefinger recken und strecken*
Da haben die beiden gescherzt und gelacht,	*Daumen und Zeigefinger berühren sich.*
davon sind die drei anderen dann auch aufgewacht.	*die restlichen drei Finger ausstrecken*
Sie recken und strecken sich und rufen erfreut: **„Guten Tag, Frau Sonne, schön ist es heut!"**	*alle fünf Finger in die Luft strecken*

→ Die Textwiederholungen sprechen die Kinder nach kurzer Zeit mit.

KK

VSK

Mein Lieblingseis

Gabriele Westhoff

Ich kauf mir heut mein Lieblingseis,
denn draußen ist es richtig heiß.
Die Auswahl ist ja wirklich groß –
ach du Schreck, was nehm ich bloß?
Fünf Kugeln soll'n ins Hörnchen hier –
Zitroneneis, das wünsch ich mir.
Himbeereis ist süß und schmeckt,
das hab ich ganz schnell aufgeschleckt.
Und Stracciatella mag ich auch,
da freut sich wieder mal mein Bauch!
Schokoeis, das ist doch klar,
schmeckt mir wirklich wunderbar.
Am Schluss ist meine Nase weiß
mit Resten vom Vanilleeis.
Für heut hab ich genug vom Eis,
doch morgen, da wird's wieder heiß …!

Ich kauf mir heut mein Lieblingseis, denn draußen ist es richtig heiß.	*den Schweiß mit der Hand von der Stirn wischen: „puh!"*
Die Auswahl ist ja wirklich groß –	*mit „Verzweiflung" die geöffneten Hände nach vorn strecken*
ach du Schreck, was nehm ich bloß?	*bei „Schreck" 1x klatschen*
Fünf Kugeln soll'n ins Hörnchen hier –	*alle fünf Finger zeigen*
Zitroneneis, das wünsch ich mir.	*den Daumen hochstrecken*
Himbeereis ist süß und schmeckt,	*den Zeigefinger ebenfalls hochstrecken*
das hab ich ganz schnell aufgeschleckt.	*mit der anderen Hand den Bauch reiben: „Hmmm"*
Und Stracciatella mag ich auch,	*den Mittelfinger ebenfalls hochstrecken*
da freut sich wieder mal mein Bauch!	*mit der anderen Hand den Bauch reiben*
Schokoeis, das ist doch klar,	*den Ringfinger ebenfalls hochstrecken*
schmeckt mir wirklich wunderbar.	*den Bauch reiben*
Am Schluss ist meine Nase weiß mit Resten vom Vanilleeis.	*mit dem kleinen Finger die Nasenspitze berühren*
Für heut hab ich genug vom Eis,	*stöhnen*
doch morgen, da wird's wieder heiß …!	*den Bauch reiben: „Hmmm"*

→ Körperkoordination: Trifft der kleine Finger die Nasenspitze?
→ Rechts-links-Koordination

KK

Mein Schifflein

überliefert

Mein Schifflein schaukelt hin und her.
Es segelt weit ins blaue Meer.
Schaukle hin und schaukle her,
schaukle, Schifflein, durch das Meer!
Beide Hände sind mein Kahn,
die Luft die blaue See.
Da legt mein kleines Schiffchen an.
Ich steige aus, ade!

Mein Schifflein schaukelt hin und her.	*mit beiden Händen ein Schiff bilden, das auf den Wellen hin und her schwimmt*
Es segelt weit ins blaue Meer.	*mit einer Hand die Wellenbewegungen des Meeres zeigen*
Schaukle hin und schaukle her,	*Schiff*
schaukle, Schifflein, durch das Meer!	*Wellenbewegungen*
Beide Hände sind mein Kahn,	*Schiff*
die Luft die blaue See.	*Wellenbewegungen*
Da legt mein kleines Schiffchen an.	*Schiff*
Ich steige aus, ade!	*winken*

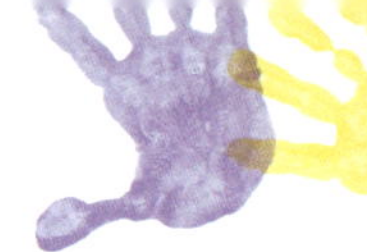

KK

Der Herbst ist da

überliefert
Bearbeitung: Gabriele Westhoff

Der Daumen sagt: „Der Herbst ist da!"
Der Zeigefinger ruft: „Hurra!"
Der Mittelfinger schimpft: „Igitt,
der Herbst bringt auch viel Regen mit."
Der Ringfinger, der schreit gleich drein:
„Der Herbst, ja der beschenkt uns fein."
Der Kleine freut sich sehr und lacht:
„Er hat uns Nuss und Obst gebracht!"

nacheinander alle fünf Finger hochstrecken

KK

VSK

O je, o je!

Gabriele Westhoff

Dieser ruft: „O je, o je – mir tut doch mein Bauch so weh!“
Dieser ruft: „O je, o je – mir tut doch mein Knie so weh!“
Dieser ruft: „O je, o je – mir tut doch mein Fuß so weh!“
Dieser ruft: „O je, o je – mir tut doch mein Kopf so weh!“
Doch der Kleinste ruft: **„Hört auf!** Wir kleben jetzt ein **Pflas**ter drauf!“

An der einen Hand werden die Finger nacheinander hochgestreckt und mit der anderen Hand werden gleichzeitig die schmerzenden Stellen gerieben.
In der letzten Zeile wird bei „Hört auf“ 2x energisch geklatscht und bei „Pfla-“ 1x auf die Beine gepatscht.

- → Die Kinder dürfen neue schmerzende Stellen aussuchen, der Vers wird entsprechend der Verletzungen angepasst. Bei zweisilbigen Wörtern (Auge, Finger …) entfällt das „so“.
- → verschiedene Körperteile benennen
- → ausdrucksstark sprechen
- → Förderung der Rechts-links-Koordination, da mit beiden Händen gleichzeitig unterschiedliche Aktionen (hochstrecken/reiben) ausgeführt werden

7.
Rittersleut und Zwergenvolk

KK

VSK

Dort auf jenem Berge

überliefert

Dort auf jenem Berge, 1 – 2 – 3,
da tanzen kleine Zwerge, 1 – 2 – 3.
Dort auf jener Wiese, 1 – 2 – 3,
da geht ein großer Riese, 1 – 2 – 3.
Dort auf jenem Dache, 1 – 2 – 3,
da faucht ein böser Drache, 1 – 2 – 3.

Dort auf jenem Berge, 1 – 2 – 3,	*mit hochgestellten Händen einen Berg zeigen, dann drei Finger nacheinander hochstrecken*
da tanzen kleine Zwerge, 1 – 2 – 3.	*die Finger tippeln auf dem Boden/Tisch, dann drei Finger hochstrecken*
Dort auf jener Wiese, 1 – 2 – 3,	*mit den Händen eine Fläche zeigen, dann 3x auf Boden/Beine/Tisch patschen*
da geht ein großer Riese, 1 – 2 – 3.	*mit weit auseinandergestreckten Händen die enorme Größe des Riesen zeigen, dann 3x patschen*
Dort auf jenem Dache, 1 – 2 – 3,	*mit hochgestellten Händen ein Dach zeigen, dann 3x die Hände aneinander vorbeiwischend abwechselnd nach vorne strecken*
da faucht ein böser Drache, 1 – 2 – 3.	*bei „böser" beide Fäuste plötzlich nach vorne strecken und schnell öffnen, dann 3x die Hände wischen*

Siehe auch: FINGERGESCHICHTEN FÜR DIE KLEINSTEN
→ Munkepung und Schnickischneck (S. 78)
GUTEN APPETIT → Da droben auf dem Berge (S. 131)

Gli gnomi della montagna

aus Italien

Là sulla mon**tag**na, tap, tap, tap,
salgono gli **gno**mi, tap, tap, tap.

Là sulla mon**tag**na, bum, bum, bum,
battono gli **gno**mi, bum, bum, bum.

Là sulla mon**tag**na, zz, zz, zz,
segano gli **gno**mi, zz, zz, zz.

Là sulla mon**tag**na, gnam, gnam, gnam,
mangiano gli **gno**mi, gnam, gnam, gnam.

Là sulla mon**tag**na, tra la la,
cantano gli **gno**mi, tra la la.

Là sulla mon**tag**na, chr, chr, chr,
dormono gli **gno**mi, chr, chr, chr.

Aussprache:
La ßulla montánja … ßálgono lji njomi.
La … báttono lji njomi.
La … ßégano lji njomi
La … mándschano lji njomi.
La … kántano lji njomi.
La … dórmono lji njomi.
„gnam“ = njam

Wörtliche Übersetzung:
Dort auf dem Berg klettern die Zwerge.
Dort … klopfen, hämmern die Zwerge.
Dort … sägen die Zwerge.
Dort … essen die Zwerge.
Dort … singen die Zwerge.
Dort … schlafen die Zwerge.

Bei „Là sulla montagna“ werden die Fingerspitzen als Dreieck (Bergspitze) nach oben gestreckt, und bei allen lautmalerischen Silben wird folgendermaßen begleitet:

tap, tap, tap	*mit den Händen je 3x auf Beine/Tisch/Boden patschen*
bum, bum, bum	*mit einer Faust je 3x auf die andere Hand klopfen*
zz, zz, zz	*die Hände je 3x aneinander vorbeiwischend abwechselnd nach vorne strecken*
gnam, gnam, gnam	*genüsslich den Bauch reiben*
tra la la	*je 3x klatschen*
chr, chr, chr	*beide Hände als Kissen flach zusammenlegen, den Kopf darauflegen und schnarchen*

→ Die zu betonenden Silben sind durch Fettdruck gekennzeichnet.
→ Lernen einzelner Vokabeln durch die zugehörigen Gesten
→ Spiel mit lautmalerischen Konsonanten und Vokalen

KK

VSK

All die vielen kleinen Zwerge

überliefert
Bearbeitung: Gabriele Westhoff

All die vielen kleinen Zwerge
aus dem hohen Tannenberge
wollen heut spazieren gehn,
denn die Sonne scheint so schön.

Sie zwicken sich und zwacken sich,
sie haschen sich und fangen sich.
Doch, oh weh, da kommt sodann
eine dicke Wolke an.

Viele kleine Regentröpfchen
fallen auf die Zwergenköpfchen.
Zwerglein laufen ins Versteck –
husch, da sind sie alle weg.

All die vielen kleinen Zwerge	*10 Finger zappeln.*
aus dem hohen Tannenberge	*einen hohen Berg zeigen*
wollen heut spazieren gehn,	*Finger trippeln auf dem Boden/Tisch.*
denn die Sonne scheint so schön.	*mit beiden Händen einen großen Kreis beschreiben, oben beginnend*
Sie zwicken sich und zwacken sich,	*mit allen Fingerspitzen gegeneinander-tippen*
sie haschen sich und fangen sich.	*Hände fangen sich gegenseitig.*
Doch, oh weh, da kommt sodann	*bei „weh" 1x klatschen*
eine dicke Wolke an.	*mit den Händen oben eine große Wolke zeigen*
Viele kleine Regentröpfchen	*mit den Fingerspitzen sanft auf den Kopf klopfen*
fallen auf die Zwergenköpfchen.	*weitertröpfeln*
Zwerglein laufen ins Versteck –	*Finger trippeln auf dem Boden/Tisch.*
husch, da sind sie alle weg.	*die Hände hinter dem Rücken verstecken*

KK
VSK
GSK

Die fünf Ritter

überliefert
Bearbeitung: Gabriele Westhoff

Fünf Ritter, die in den Betten liegen,
wollen den bösen Drachen besiegen!

Der erste Ritter fürchtet sich,
der zweite zittert fürchterlich.
Der dritte, der bleibt gleich im Bett,
der vierte findet's gar nicht nett!

Der fünfte aber zornig spricht:
„Ganz allein, so geht das nicht!"
So reiten mutig kurz darauf
fünf Ritter gemeinsam den Berg hinauf!

Doch oben am Berge – welch ein Schreck –
da ist der Drache längst schon weg!

Fünf Ritter, die in den Betten liegen,	*fünf Finger zeigen, dann die Hände zum Kissen zusammenlegen und an die Wange halten*
wollen den bösen Drachen besiegen!	*bei „**Dra**chen" beide Hände plötzlich gefährlich nach vorn öffnen*
Der erste Ritter fürchtet sich,	*den Daumen einer Hand einklappen*
der zweite zittert fürchterlich.	*den zweiten Finger der Hand einklappen*
Der dritte, der bleibt gleich im Bett,	*den dritten Finger einklappen*
der vierte findet's gar nicht nett!	*den vierten Finger einklappen*
Der fünfte aber zornig spricht:	*den kleinen Finger hochstrecken*
„Ganz allein, so geht das nicht!"	*den kleinen Finger verneinend hin und her bewegen*
So reiten mutig kurz darauf fünf Ritter gemeinsam den Berg hinauf!	*fünf Finger zeigen, dann mit beiden Händen die Bergspitze formen*
Doch oben am Berge – welch ein Schreck –	*bei „Schreck" 1x klatschen*
da ist der Drache längst schon weg!	*die Hände auf dem Rücken verstecken*

→ Hier werden einmal die Finger nacheinander eingeklappt, statt sie, wie sonst üblich, einzeln hochzustrecken.

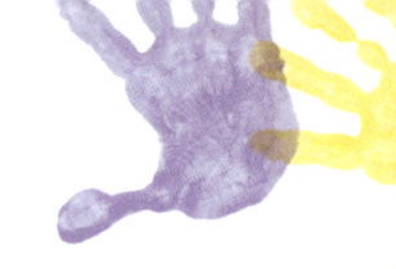

Die armen kleinen Drachen

James Krüss
Spielidee: Thile Lorenz

So ein armer kleiner Drachen
hat wahrhaftig nichts zu lachen,
wie uns manches Beispiel lehrt:

Drachen haben zarte Seelen
und in ihren Drachenkehlen
schluchzen sie oft unerhört.

Doch ganz ungemein empfindlich
sind die Drachen, die noch kindlich,
Drachentochter oder Sohn.

Diese kleinen Drachen fressen
weder Prinzen noch Prinzessen.
Aber ach, wer weiß das schon?

1. Zeile	*Eine Handinnenfläche liegt auf dem Rücken der anderen Hand, die Fingerspitzen zeigen nach vorn; mit den Händen wellenartige Bewegungen auf und ab ausführen.*
2. Zeile	*die Hände wieder still halten und dann gleichzeitig beide Daumen zur Seite abstrecken, anlegen, abstrecken, anlegen*
3. Zeile	*die obere Hand anheben und wieder auf die untere Hand klappen: das „Drachenmaul" öffnen, schließen, öffnen, schließen*

Alle Strophen haben den gleichen Bewegungsablauf.

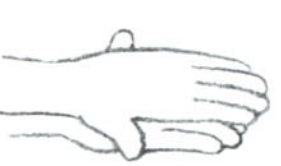

→ Förderung der Feinmotorik
→ ein klassisches Gedicht von James Krüss kennenlernen

Siehe auch: KANONS → Geister-Spuk (S. 168)

KK

VSK

Das wunderschöne Buch

Wolfgang Hering

1. Ich hab ein wunderschönes Buch,
das öffne ich ganz weit.
Ich seh zuerst ein Winterbild,
auf dem es kräftig schneit.

2. Im Frühling piepsen Vögel,
die Sonne kommt heraus.
Im Sommer schwitzen alle
und schwimmen weit hinaus.

3. Im Herbst, da steigen Drachen auf,
und Wolken ziehn dahin;
dann schließe ich mein schönes Buch,
weil ich jetzt müde bin.

1. Ich hab ein wunderschönes Buch, das öffne ich ganz weit.	*beide Hände wie ein Buch aufschlagen*
Ich seh zuerst ein Winterbild, auf dem es kräftig schneit.	*mit langsam zappelnden Fingern die tanzenden Schneeflocken darstellen*
2. Im Frühling piepsen Vögel,	*mit Daumen und Zeigefinger einen Vogelschnabel auf- und zuklappen*
die Sonne kommt heraus.	*mit beiden Händen einen großen Kreis beschreiben, oben beginnend (Sonne)*
Im Sommer schwitzen alle	*den Schweiß von der Stirn abwischen*
und schwimmen weit hinaus.	*mit den Armen Schwimmbewegungen ausführen*
3. Im Herbst, da steigen Drachen auf,	*die flache Hand (Drachen) nach oben strecken und hin und her bewegen*
und Wolken ziehn dahin;	*die Fäuste (Wolken) nach oben strecken und hin und her bewegen*
dann schließe ich mein schönes Buch,	*die Hände zusammenklappen und …*
weil ich jetzt müde bin.	*als Kissen an die Wange legen*

→ Zwischendurch das Umblättern nicht vergessen!

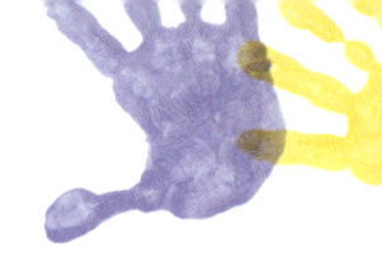

KK

VSK

Das schiefe Häuschen

überliefert
Bearbeitung: Gabriele Westhoff

Mein Häuschen ist nicht gerade,
ist das aber schade!
Mein Häuschen ist ganz krumm,
ist das aber dumm!
Huuh, bläst da der Wind hinein,
BAUTZ, fällt das ganze Häuschen ein!
Doch Stein auf Stein, ja schaut nur, schaut,
jetzt ist es wieder aufgebaut.

Zunächst mit den Händen ein spitzes Dach formen.

Mein Häuschen ist nicht gerade, ist das aber schade!	*das Dach ganz schief halten*
Mein Häuschen ist ganz krumm, ist das aber dumm!	*die Finger krümmen*
Huuh, bläst da der Wind hinein,	*hineinpusten*
BAUTZ, fällt das ganze Häuschen ein!	*mit beiden Händen auf den Boden/Tisch patschen*
Doch **Stein** auf **Stein,** ja **schaut** nur, **schaut,**	*die Fäuste übereinanderstapeln und einen „Turm" bauen*
jetzt ist es wieder aufgebaut.	*ein neues Dach zeigen*

Dann beginnt das Spiel von vorn.

KK

VSK

Grade und schief

überliefert
Bearbeitung: Gabriele Westhoff

Das ist hoch und das ist tief.
Das ist grade und das ist schief.
Das ist dunkel und das ist hell.
Das ist langsam und das ist schnell.
Das ist kühl und das ist heiß.
Das ist laut und das ist leis.
Das ist klein und das ist groß.
Mensch, wie merk ich mir das bloß?

Das ist hoch und das ist tief.	*die Hände nach oben, dann nach unten strecken*
Das ist grade und das ist schief.	*beide Handflächen nebeneinander flach nach vorne strecken; dann die Hände schräg halten*
Das ist dunkel und das ist hell.	*die Hände vor die Augen halten und plötzlich öffnen*
Das ist langsam und das ist schnell.	*die Hände zuerst ganz langsam, dann sehr schnell umeinanderdrehen*
Das ist kühl und das ist heiß.	*die Arme vor Kälte reiben, dann den Schweiß von der Stirn wischen*
Das ist laut und das ist leis.	*erst laut, dann ganz leise auf die Beine patschen*
Das ist klein und das ist groß.	*mit Daumen und Zeigefinger eine kleine Strecke, dann mit zwei Händen einen großen Abstand zeigen*
Mensch, wie merk ich mir das bloß?	*bei „merk" 1x mit der Faust auf die Hand klopfen*

→ Gegensätze kennenlernen
→ Die Kinder finden die Zeilen-Endwörter allein.
→ Vorschulkinder finden selbst passende Gesten, um die Gegensätze anzuzeigen.

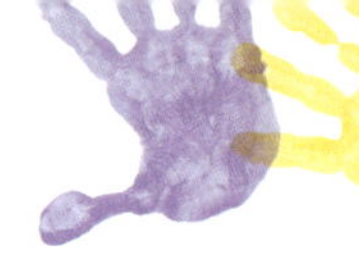

KK

VSK

GSK

Reite, reite sachte

überliefert

Reite, reite sachte,
eben schlägt es achte.
Reite, reite, wiegel wagel,
morgen gibt es Schnee und Hagel.
Reite, reite, Fiddelfritz,
übermorgen gibt's Donner und Blitz.
Reite, reite mit Saus und Braus,
sonst kommst du zu spät nach Haus!

Reite, **rei**te **sach**te,	*3x mit der einen Faust auf die andere Hand klopfen*
eben **schlägt** es **ach**te.	*3x mit getauschten Händen klopfen*
Reite, **rei**te, **wie**gel **wa**gel, **mor**gen **gibt** es **Schnee** und **Ha**gel.	*immer im Wechsel mit den Händen parallel und über Kreuz auf die Beine patschen*
Reite, **rei**te, **Fid**del**fritz,**	*die Hände aneinander vorbeiwischend abwechselnd nach vorne strecken*
übermorgen gibt's **Don**ner und **Blitz.**	*bei „Donner" 1x auf die Beine patschen, bei „Blitz" 1x klatschen*
Reite, **rei**te mit **Saus und Braus,**	*mit beiden Händen gleichzeitig 2x auf die Beine patschen, dann 3x klatschen*
sonst kommst **du** zu **spät nach Haus!**	*mit beiden Händen gleichzeitig 2x auf die Beine patschen, dann 3x klatschen*

→ langsam und leise beginnen, nach und nach lauter und schneller werden
→ motorisches Training, besonders bei der Temposteigerung
→ In der Eltern-Kind-Gruppe kann der Vers anschließend als Kniereiter gestaltet werden.

KK

VSK

Wir fahren mit dem Bagger

Hanna Schachenmeier
Bearbeitung: Gabriele Westhoff

Wir fahren mit dem Bagger,
komm, steig ein!
Wir fahren mit dem Bagger,
das wird fein!
Fährt er um die Ecken rum,
halt dich fest, sonst fällst du um!
Wir fahren mit dem Bagger,
komm, steig ein!

Wir **fahren mit** dem **Bagger,**	*über die Beine rechts und links gegengleich 4x wischen*
komm, steig ein!	*3x mit beiden Händen gleichzeitig auf die Beine patschen*
Wir **fahren mit** dem **Bagger,**	*über die Beine rechts und links gleichzeitig, aber gegengleich 4x wischen*
das wird fein!	*3x klatschen*
Fährt er um die Ecken rum, halt dich fest, sonst fällst du um!	*„ein Lenkrad" festhalten, rechts und links um die Kurven lenken und sich weit in die Kurven legen*
Wir **fahren mit** dem **Bagger,**	*über die Beine rechts und links gegengleich 4x wischen*
komm, steig ein!	*3x mit beiden Händen gleichzeitig auf die Beine patschen*

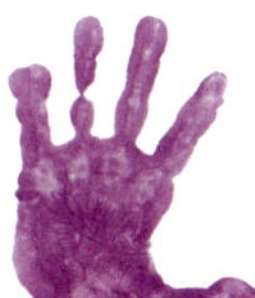

Der Vers kann auch gut mit **Handtrommeln** gespielt werden:

1., 3. und 7. Zeile: *Die Trommel schweigt.*
2., 4. und 8. Zeile: *je 3x auf der Trommel spielen*
5.+6. Zeile: *Die Trommel wird als Lenkrad mit beiden Händen festgehalten und alle legen sich damit weit in die Kurven.*

→ Weitere Strophen: Wir fahren mit dem Traktor/Omnibus/LKW/Müllwagen/Radlader/Gabelstapler … mit der Feuerwehr/Polizei

GSK

Feuerwerk

Wolfgang Spode

1. Zischen, Knallen, Funkensprühen,
   Farben leuchten und verglühen.
   Feuerwerk, es heult und kracht!
   Taghell wird die dunkle Nacht.

2. Flammenregen – Niederducken,
   Donner grollt und Blitze zucken.
   Feuerwerk, es heult und kracht!
   Taghell wird die dunkle Nacht.

1. Zischen**, Knal**len**, Fun**ken**sprü**hen,	*die Hände 4x aneinander vorbeiwischend abwechselnd nach vorne strecken*
Farben **leuch**ten **und** ver**glü**hen.	*die Fäuste abwechselnd nach vorn strecken und dabei schnell die Hände öffnen*
Feuerwerk, es heult und kracht!	*abwechselnd auf die Beine patschen, dabei lauter werden*
Taghell wird die dunkle Nacht.	*bei „Tag" 1x klatschen und mit den Armen einen großen Kreis zeigen; bei „dunk-" und „Nacht" mit den Fäusten je 1x auf die Brust klopfen*

Die zweite Strophe wird wie die erste begleitet.

→ lautmalerisch vortragen
→ Artikulationstraining

8. Tiergeschichten

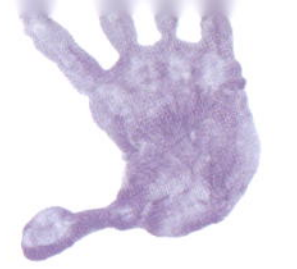

KK

VSK

Mäuseball

Gustav Sichelschmidt

1. Jede Nacht um zweie
   sind die Mäuse wach,
   tanzen Ringelreihe
   oben unterm Dach.

2. Eines bläst das Flötchen,
   schlägt den Takt ganz leis,
   und auf kleinen Pfötchen
   drehn sie sich im Kreis.

3. Tummeln sich und hüpfen,
   doch beim Morgenschein
   rennen sie und schlüpfen
   schnell ins Loch hinein.

aus: Wilhelm Keller, „Ludi musici 1", Fidula-Verlag Holzmeister GmbH, Koblenz

1. Jede Nacht um zweie	*die Augen zuhalten*
sind die Mäuse wach,	*die Hände bei „wach" öffnen*
tanzen Ringelreihe	*die Hände umeinanderdrehen*
oben unterm Dach.	*mit zwei Händen ein Dach zeigen*
2. Eines **bläst** das **Flötchen,** **schlägt** den **Takt** ganz **leis,**	*„Mäuseklatschen": nur mit Zeige- und Mittelfingern leise im Metrum klatschen*
und auf kleinen Pfötchen drehn sie sich im Kreis.	*die Hände umeinanderdrehen*
3. Tummeln sich und hüpfen, doch beim Morgenschein	*mit den Fingern auf dem Boden/Tisch tippeln*
rennen sie und schlüpfen	*Eine lockere Faust bildet „das Mauseloch".*
schnell ins Loch hinein.	*Der Zeigefinger der anderen Hand schlüpft ins Mauseloch.*

→ Förderung der Feinmotorik

KK

VSK

Kleine Maus

Johannes Harzheim

1. Kleine Maus, komm heraus
   aus dem dunklen Mäusehaus!
   Sonne scheint am Himmelszelt,
   Mäuslein, lauf ins freie Feld!

2. „Schleck, schleck, schleck!“, lockt der Speck,
   doch die Katz sitzt im Versteck.
   Mäuslein, lauf ins freie Feld,
   wo dir Wurm und Korn gefällt.

3. Kleine Maus, ruh dich aus,
   denn der Tag mit Saus und Braus
   mit der Sonne geht zur Ruh.
   Mach die kleinen Augen zu!

Zuerst die Zeigefingermaus in der anderen Faust verstecken.

1. Kleine Maus, komm heraus aus dem dunklen Mäusehaus!	*die Faust unten etwas öffnen und Fingermaus herausschauen lassen*
Sonne scheint am Himmelszelt,	*mit beiden Händen einen großen Kreis beschreiben, oben beginnend (Sonne)*
Mäuslein, lauf ins freie Feld!	*die Finger tippeln über den Boden/Tisch*
2. „Schleck, schleck, schleck!“, lockt der Speck,	*den Bauch reiben*
doch die Katz sitzt im Versteck.	*„Katzenkrallen“ zeigen*
Mäuslein, lauf ins freie Feld,	*Alle Finger tippeln auf dem Boden/Tisch.*
wo dir Wurm und Korn gefällt.	*mit einem Zeigefinger einen Wurm imitieren*
3. Kleine Maus, ruh dich aus, denn der Tag mit Saus und Braus	*die Fingermaus wieder in der Faust verstecken*
mit der Sonne geht zur Ruh.	*mit beiden Händen einen Kreis beschreiben, oben beginnend (Sonne)*
Mach die kleinen Augen zu!	*die Hände zum Kissen aneinanderlegen und den Kopf darauflegen*

→ feinmotorische Schulung

KK

VSK

GSK

Katz und Maus

überliefert

1. Komm, wir spielen Katz und Maus!
Die linke Hand ist unser Haus.
Der Daumen ist die kleine Maus.
Da geht sie rein, da kommt sie raus.
Da geht sie rein, da kommt sie raus.

2. Die rechte Hand ist unsre Katze
mit der kleinen, weichen Tatze.
Seht, nun schleicht sie sich heran
und sieht sich unser Mäuschen an.
Und die Miezekatze springt
mit einem Satz aufs Mäuschen zu!
Mäuschen, na wo bist denn du?

3. Die sitzt in ihrem tiefen Loch –
da bleibt sie sicher lange noch –
die Katz schleicht langsam dann nach Haus,
die Maus, die schaut zum Fenster raus!

1. Komm, wir spielen Katz und Maus!	
Die linke Hand ist unser Haus.	*die linke Hand zur Faust ballen*
Der Daumen ist die kleine Maus.	*mit dem linken Daumen wackeln*
Da geht sie rein, da kommt sie raus. **Da geht sie rein, da kommt sie raus.**	*den Daumen in die Faust hinein- und herausführen*

2. Die rechte Hand ist unsre Katze **mit der kleinen, weichen Tatze.**	*mit der rechten Hand „Katzenkrallen" zeigen*
Seht, nun schleicht sie sich heran **und sieht sich unser Mäuschen an.**	*mit den Fingern anschleichen und …*
Und die Miezekatze springt **mit einem Satz aufs Mäuschen zu!**	*die linke Faust mit einem „Satz" umschließen*
Mäuschen, na wo bist denn du?	*den linken Mäusedaumen in der linken Faust verstecken und die Faust zeigen*

3. Die sitzt in ihrem tiefen Loch – **da bleibt sie sicher lange noch –**	*den linken Mäusedaumen in der Faust versteckt halten und die Faust zeigen*
die Katz schleicht langsam **dann nach Haus,**	*Die rechte Katzenhand läuft enttäuscht davon.*
die Maus, die schaut zum Fenster raus!	*Die Maus (linker Daumen) schaut zwischen Zeige- und Mittelfinger aus der Faust heraus.*

→ feinmotorische Schulung beim regelmäßigen Verstecken des Daumens in der Faust
→ Rechts-links-Koordination

Siehe auch: IM WINTER → Die Maus (S. 56)
IM SOMMER → Die Maus hat rote Strümpfe an (S. 31)

Juokse, juokse hiiri

aus Finnland

Juokse, juokse hiiri,
ettei kissamiiri
sua saavuttaisi,
sua saavuttaisi.

Aussprache:
ei – wie bei „hey"
s – stimmlos, scharf, wie „ß"
t – weich, wie „d"

Wörtliche Übersetzung:
Lauf, lauf, Mäuschen (hiiri),
dass kein Kätzchen (kissa)
dich erwischen kann,
dich erwischen kann.

Juokse, juokse hiiri,	*mit den Fingern über den Tisch/Boden trappeln*
ettei kissamiiri	*mit den Handflächen über den Tisch/Boden schleichen*
sua saavuttaisi,	*„Krallen" ausfahren und 4x schnappen*
sua saavuttaisi.	*mit den Fingern über den Tisch/Boden trappeln (die Maus läuft davon)*

→ Freude an der Aussprache und Gestaltung fremdsprachiger Texte

Siehe auch: AUS ANDEREN LÄNDERN → Poesje mauw (S. 145)

KK

Hoppel hopp

überliefert

Hoppel, hoppel, hoppel, hopp,
hier kommt der flinke Hase Flopp.
Seine Ohren, die sind lang –
sieh mal, wie er wackeln kann.
Hat ein kuschelweiches Fell –
und wenn er rennt, ist er blitzschnell.

Hoppel, hoppel, hoppel, hopp,	*Zeige- und Mittelfinger als Hasenohren ausstrecken, die anderen drei Finger zur Faust ballen*
hier kommt der flinke Hase Flopp.	*Der Hase hüpft.*
Seine Ohren, die sind lang –	*mit der anderen Hand über die Ohrenfinger streichen*
sieh mal, wie er wackeln kann.	*mit den Hasenohren wackeln*
Hat ein kuschelweiches Fell –	*über den Handrücken der Hasenhand streichen*
und wenn er rennt, ist er blitzschnell.	*Die Hasenhand versteckt sich hinter dem Rücken.*

Siehe auch: IM FRÜHLING → Häschen Löffelohr (S. 20)

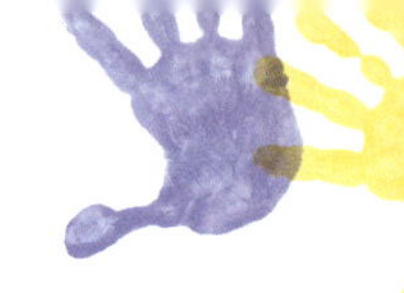

VSK

GSK

Eine alte, dicke Ente

Text: Friedrich Hoffmann
Arr.: Horst Weber

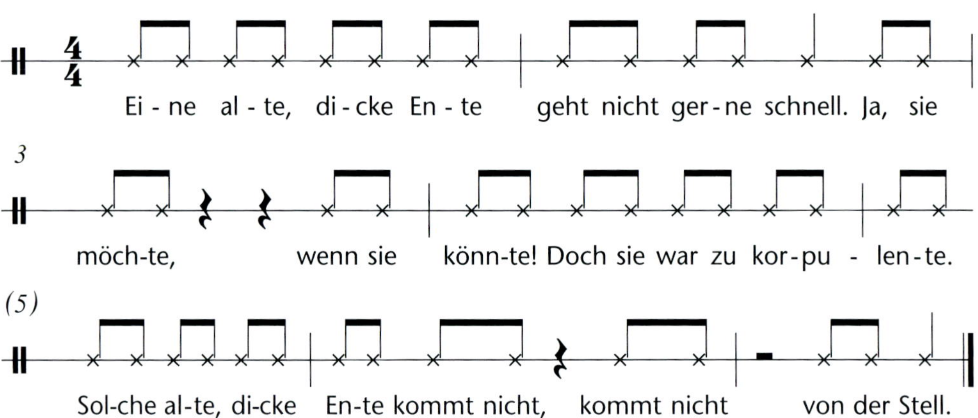

aus: Heinz Lemmermann, „Die Zugabe 1", © Fidula-Verlag Holzmeister GmbH, Koblenz

Takt 1-2: *im Achtelpuls und im Wechselschlag auf die Beine patschen bis „schnell"*
Takt 2-5: *ab „Ja, sie" im Viertelpuls mit gewölbten Händen klatschen (ein dunkler Ton entsteht) – bis „-lente"; dazu in den Viertelpausen schnaufen*
Takt 5-6: *ab „Solche" im Achtelpuls im Wechselschlag auf die Brust klopfen; in der Pause schnaufen*
Takt 7: *in der halben Pause 2x schnaufen, am Ende 2x beidhändig auf die Beine patschen*

- → langsam und behäbig sprechen
- → Das Umschalten zwischen Viertel- und Achtelpuls in der Begleitung wird trainiert.
- → Ist der Vers gut bekannt, wird er auch ohne das Schnaufen in den Pausen probiert – jetzt müssen die Pausen ohne „Hilfestellung" eingehalten werden.

KK

VSK

Schneck im Dreck

Wilhelm Keller

Schnecke, Schnecke, Schneck im Dreck,
friss mir nicht die Blätter weg!
Doch die Schnecke frisst und frisst
immer weiter, so ein Mist!

Schnecke, Schnecke, Schneck im Dreck,	*im Wortrhythmus im Wechselschlag auf die Beine patschen*
friss mir **nicht** die **Blät**ter **weg!**	*mit einer Faust 4x auf die andere Hand klopfen*
Doch die Schnecke frisst und frisst	*im Wortrhythmus im Wechselschlag mit den Fäusten auf die Brust klopfen*
immer **wei**ter, **so** ein **Mist!**	*mit der Faust 3x auf die andere Hand klopfen und bei „Mist" 1x auf die Beine patschen*

→ Wenn der Vers gut bekannt ist, wird auch einmal nur mit den Händen (ohne Sprache) – möglichst im richtigen Rhythmus – erzählt.
→ Trainiert wird der regelmäßige Wechsel der Begleitgesten zwischen Achtel- und Viertelpuls.

KK

VSK

Christel Süßmann
Bearbeitung: Gabriele Westhoff

1. Tausend fleißige Regenwürmchen
   baun im Garten Krümeltürmchen.
   Regenwürmchen haben Kraft:
   Türmchen werden hochgeschafft.

2. Eifrig ziehn sie durch die Erde,
   dass der Boden locker werde.
   Sonne ist ihr größter Schreck –
   schnell geht es dann ins Versteck.

3. Aber fällt der Regen nieder,
   kommen sie geschwinde wieder.
   Nur wenn's nass ist, baun die Würmchen
   tausend Regenwürmchentürmchen.

1. **Tau**send **flei**ßige **Re**gen**würm**chen **baun** im **Gar**ten **Krü**mel**türm**chen.	*die Fäuste im Rhythmus aufeinanderset-zen – einen Turm bauen*
Regenwürmchen haben Kraft:	*bei „Kraft" 1x klatschen*
Türmchen **wer**den **hoch**ge**schafft.**	*die Fäuste aufeinandersetzen*
2. **Eifrig ziehn sie durch die Erde, dass der Boden locker werde.**	*mit dem Zeigefinger den beweglichen Wurm nachahmen*
Sonne ist ihr größter Schreck –	*mit beiden Händen einen großen Kreis (Sonne) beschreiben, oben beginnend, dann bei „Schreck" 1x klatschen*
schnell geht es dann ins Versteck.	*die Hände hinter dem Rücken verstecken*
3. Aber fällt der Regen nieder, kommen sie geschwinde wieder.	*mit zappelnden Fingern die Regen-tropfen fallen lassen*
Nur wenn's **nass** ist, **baun** die **Würm**chen **tau**send **Re**gen**würm**chen**türm**chen.	*die Fäuste aufeinandersetzen – einen Turm bauen*

→ Artikulationstraining

Siehe auch: IM SOMMER → Spatzensalat (S. 32)
AUS ANDEREN LÄNDERN → Deux petits oiseaux (S. 147)
IM WINTER → Unser Vogelhaus (S. 58)

KK

VSK

Von der Raupe zum Schmetterling

überliefert
Bearbeitung: Gabriele Westhoff

Aus einem Apfel, oh wie nett,
schaut eine Raupe, dick und fett.
Sie frisst ein Blatt und noch ein Blatt,
bis sie sich satt gefressen hat.

Und ist der Sommer dann vorbei,
so schläft sie bis zum nächsten Mai! „Chhhh..."
Ganz langsam kriecht sie dann heraus
aus ihrem Raupenpuppenhaus.

„So seht", ruft sie, „wie ich da drin
zum Schmetterling geworden bin!"
Der breitet seine Flügel aus
und fliegt jetzt in die Welt hinaus.

Aus einem Apfel, oh wie nett,	*eine Hand zur Faust ballen*
schaut eine Raupe, dick und fett.	*den Zeigefinger der anderen Hand durch die Faust stecken und die Fingerkuppe aus der Faust herausschauen lassen*
Sie frisst ein Blatt und noch ein Blatt,	*Faust öffnen, um ein Blatt darzustellen, mit dem Raupenfinger auf die Blatthand tippen*
bis sie sich satt gefressen hat.	*weiterfressen (tippen)*
Und ist der Sommer dann vorbei,	*Blatthand zur Faust ballen und den Raupenfinger damit umschließen*
so schläft sie bis zum nächsten Mai! „Chhhh..."	*Schnarchgeräusche machen*
Ganz langsam kriecht sie dann heraus aus ihrem Raupenpuppenhaus.	*Zeigefinger aus der Faust herausziehen*
„So seht", ruft sie, „wie ich da drin	*beide Daumen ineinanderhaken*
zum Schmetterling geworden bin!"	*die Finger zu Flügeln ausstrecken*
Der breitet seine Flügel aus	*mit den Flügeln „flattern"*
und fliegt jetzt in die Welt hinaus.	*wegfliegen*

Siehe auch: AUS ANDEREN LÄNDERN → Farfallina (S. 149)
IM FRÜHLING → Der Käfermann (S. 22)

VSK

GSK

Mücken fangen

Gabriele Westhoff

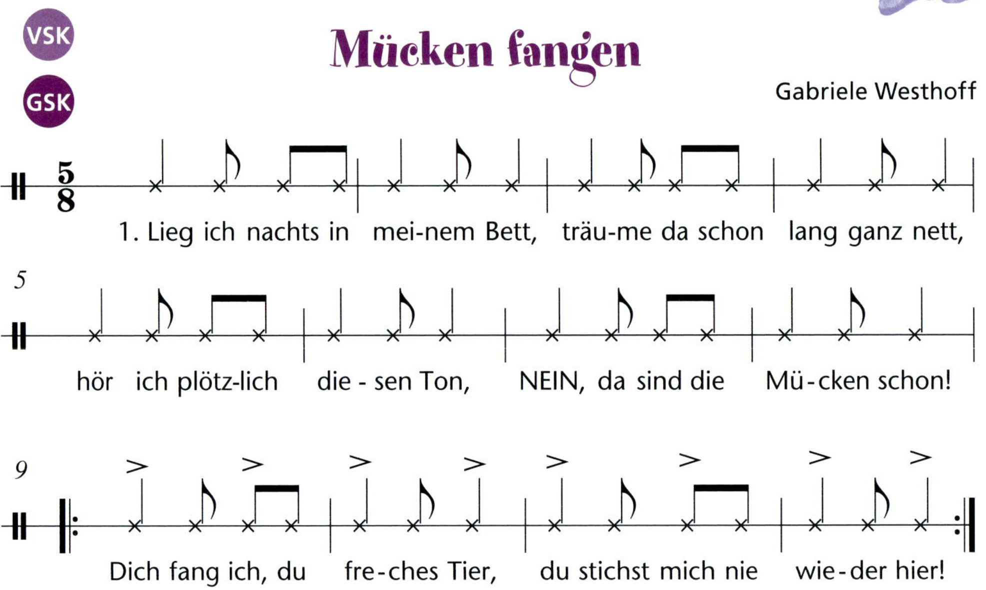

2. **Doch am nächsten Morgen dann fangen sie schon wieder an:**
Sausen mir um Arm und Bein, HEY, ihr Mücken, lasst das sein!
𝄆 **Dich** fang **ich**, du **fre**ches **Tier** – **du** stichst **mich** nie **wie**der **hier!** 𝄇

3. **Nachmittags im Swimming-Pool, das find ich ja gar nicht cool,**
sirren sie um meine Nas – doch jetzt ist er AUS, der Spaß:
𝄆 **Dich** fang **ich**, du **fre**ches **Tier** – **du** stichst **mich** nie **wie**der **hier!** 𝄇

1. Strophe

Takt 1-6: *beide Hände als Kissen flach zusammenlegen und den Kopf darauflegen*

Takt 7-8: *bei „NEIN" plötzlich beide geöffneten Handflächen nach vorne strecken*

Takt 9-12: *jeweils auf den ersten 3 Achteln mit beiden Händen 1x über die Oberschenkel wischen, beim 4. Achtel 1x beidhändig patschen („die Mücke fangen")*

2. Strophe

Takt 1-4: *mit beiden Händen einen Kreis (Sonne) beschreiben, oben beginnend*

Takt 5-8: *mit dem Zeigefinger den Flug der Mücken anzeigen, bei „HEY" 1x klatschen*

Takt 9-12: *jeweils auf den ersten 3 Achteln 1x von der Schulter zum Handgelenk herunterwischen, beim 4. Achtel 1x auf den Handrücken klatschen („die Mücke fangen") – bei der Wiederholung Handwechsel*

3. Strophe

Takt 1-4: *Schwimmbewegungen ausführen*

Takt 5-8: *mit dem Zeigefinger den Flug der Mücken anzeigen, bei „AUS" 1x beidhändig auf die Beine patschen*

Takt 9-12: *wie 2. Strophe*

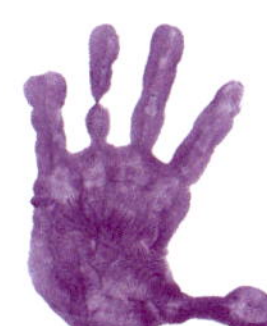

Alternative

Alle drei Strophen mit **Rasseln** einheitlich begleiten:

Takt 1-8: *die Rasseln freimetrisch schütteln*

Takt 9-12: *immer auf der 1. und 4. Achtel die Rassel auf der Hand oder dem Bein spielen*

Nimmt man zur Begleitung kleine **Maracas**, kann man auch auf der **Rückentrommel** des Partners damit spielen:

Takt 1-8: *mit den Rasseln über den Partnerrücken reiben*

Takt 9-12: *immer auf der 1. und 4. Achtel mit der Rassel auf dem Rücken spielen*

Die Begleitung bleibt für alle Strophen gleich.

→ Kennenlernen oder Vertiefen des 5/8-Taktes und seiner metrischen Begleitung

Siehe auch: IM SOMMER → Mückentanz (S. 30)
IM SOMMER → Frosch und Fliege (S. 29)
SPIELE MIT INSTRUMENTEN UND MATERIAL → Die Frösche am Teich (S. 156)
IM SOMMER → Die Biene (S. 26)
IM SOMMER → Here Is the Beehive (S. 28)
IM SOMMER → Wetterboten (S. 34)
IM HERBST → Das Eichhörnchen (S. 46)

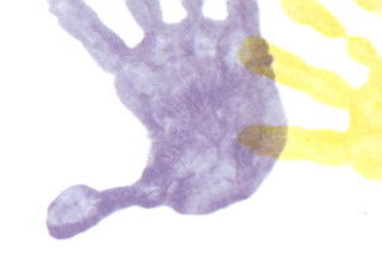

KK

VSK

Bauernpferde - Kutschenpferde

überliefert

1. Bauernpferde, Bauernpferde,
große, schwere Bauernpferde,
Bauernpferde stehen still!

2. Kutschenpferde, Kutschenpferde,
kleine, feine Kutschenpferde,
Kutschenpferde stehen still.

1. Strophe *sehr langsam sprechen und zu jeder Silbe schwer und laut auf die Beine patschen*

2. Strophe *im doppelten Tempo sprechen und zu jeder Silbe leicht und leiser auf die Beine patschen*

Jeweils am Ende der Strophen ganz plötzlich stoppen!

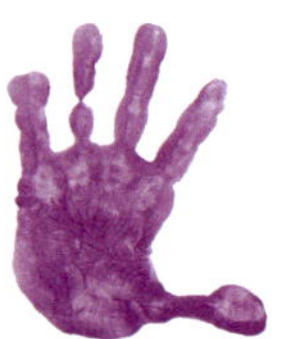

Alternative

Den Vers mit **Schellen** begleiten:

1. Strophe *zum langsam gesprochenen Vers bei jeder Silbe 1x auf dem Schellenkranz spielen*

2. Strophe *im doppelten Tempo sprechen und mitspielen*

→ Auch das plötzliche Anhalten am Ende eines Verses stellt für viele Kinder eine Herausforderung dar und will gut geübt sein.

→ Im Anschluss können die Pferde im passenden Tempo durch den Raum gehen und traben – und natürlich plötzlich stille stehen!

KK

VSK

Die traurigen Pferde

Hedwig Diestel

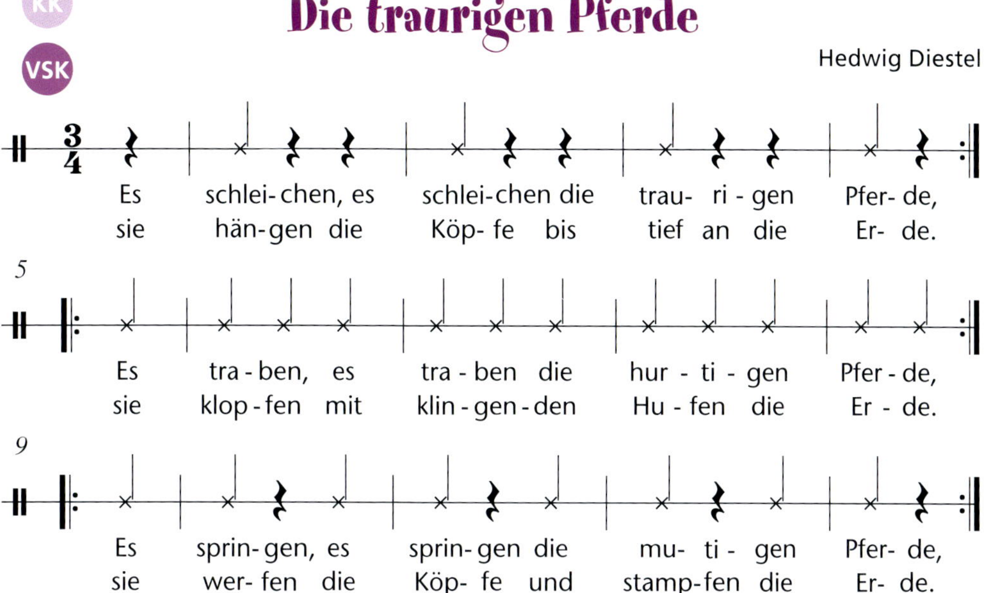

aus: „Kindertag", © Verlag Freies Geistesleben

1. Zeile *über die Beine mit den Händen gleichzeitig, aber gegengleich vor und zurück wischen*

2. Zeile *gleichmäßig im Wechselschlag auf die Beine patschen*

3. Zeile *beidhändig gleichzeitig im angegebenen Rhythmus auf die Beine patschen*

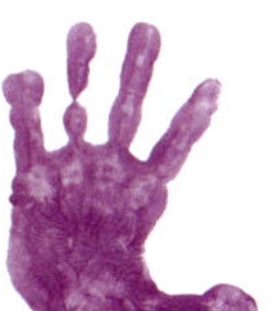

Auch auf der **Rückentrommel** des Partners spielen:

1. Zeile *über den Rücken streichen*

2. Zeile *mit den Fäusten abwechselnd sanft im Grundschlag spielen*

3. Zeile *mit den flachen Händen gleichzeitig im Rhythmus spielen*

Anschließend tauschen die Partner die Rollen und der Vers beginnt erneut.

→ ausdrucksstark sprechen
→ Metrum und Rhythmus im 3/4-Takt werden trainiert
→ Im Anschluss kann der Vers in die Großbewegung übertragen werden.

Siehe auch: SPIELE MIT INSTRUMENTEN UND MATERIAL → Zweierlei Musik (S. 162)
SPIELE MIT INSTRUMENTEN UND MATERIAL → Im Pferdeschritt (S. 161)

KK

VSK

Der große und der kleine Bär

überliefert
Bearbeitung: Gabriele Westhoff

1. Der große und der kleine Bär
   spazier'n im Walde hin und her.
   Der große Bär geht TAP, TAP, TAP,
   der kleine Bär geht taptaptap,
   so klingt es ungefähr.

2. Sie kommen an ein kleines Haus,
   das sieht schon sehr verfallen aus.
   Der große Bär macht KLOPF, KLOPF, KLOPF,
   der kleine Bär macht klopfklopfklopf,
   wer kommt jetzt wohl heraus?

3. Heraus kommt eine alte Hex',
   die Uhr zeigt grade auf halb sechs.
   Der große Bär hat GROSSE ANGST,
   der kleine Bär hat kleine Angst,
   sie rennen durchs Gewächs.

4. Und später dann im Mondenschein,
   da schlafen beide friedlich ein.
   Der große Bär schläft CHR, CHR, CHR,
   der kleine Bär schläft chrchrchr,
   sie sägen alles klein.

5. Die Sonne lacht, es weht der Wind,
   ihr Bären, steht nun auf geschwind.
   Der große Bär gähnt AH-U-AH,
   der kleine Bär gähnt ah-u-ah.
   Ein neuer Tag beginnt.

→ ausdrucksstark sprechen (laut für den großen und leise für den kleinen Bären) und mit gebastelten großen und kleinen **Pappbären** mitspielen

Beide Bären (siehe rechts) aus braunem Tonkarton ausschneiden und die zwei Kreise unten ausschneiden. Durch diese Kreise werden Zeige- und Mittelfinger gesteckt, damit die Bären durch den Wald laufen können.

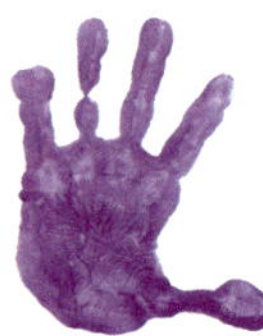

Alternative
Wird ohne die Pappbären gespielt, werden die Geräusche und Gesten für den großen Bären laut und groß, für den kleinen Bären leise und klein ausgeführt:
1. mit den Handflächen auf den Boden/Tisch patschen
2. auf den Boden/Tisch klopfen
3. ängstlich sprechen, schauen, die Arme um den Körper schlingen
4. schnarchen
5. gähnen

Siehe auch: KANONS → Immer ich! (S. 174)
IM FRÜHLING → Das Osterei (S. 19)
IM FRÜHLING → Liebe Sonne, scheine wieder (S. 18)

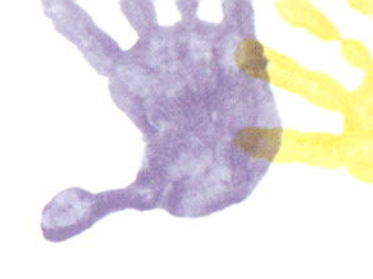

KK

VSK

Fischlein, froh und munter

überliefert

Fischlein, Fischlein, ach, so munter,
taucht im Wasser auf und unter.
Streckt euch grad und macht euch krumm,
schwimmt im Wasser rundherum.
Fischlein, Fischlein, froh und munter,
schnellt empor und tauchet unter.
Doch ihr Fischlein, gebet acht,
denn der Fischer kommt bei Nacht!

Fischlein, Fischlein, ach, so munter, taucht im Wasser auf und unter.	*die Hände mit den Handflächen gegeneinanderlegen und auf und ab „schwimmen“*
Streckt euch grad und macht euch krumm,	*bei „krumm“ die Finger der einen Hand zur Faust ballen und mit den Fingern der anderen Hand umschließen („Kugelfisch“)*
schwimmt im Wasser rundherum.	*als „Kugelfisch“ weiterschwimmen und bei „-rum“ die Hände wieder mit aneinandergelegten Handflächen ausstrecken*
Fischlein, Fischlein, froh und munter, schnellt empor und tauchet unter.	*die „Fische“ ganz hoch springen lassen und wieder untertauchen*
Doch ihr Fischlein, gebet acht, denn der Fischer kommt bei Nacht!	*weiterschwimmen und bei „Nacht“ die Hände schnell hinter dem Rücken, zwischen den Beinen … verstecken*

→ feinmotorische Schulung mit dem „Kugelfisch“

Siehe auch: GUTEN APPETIT → Fischgräten (S. 132)
AUS ANDEREN LÄNDERN → One, Two, Three (S. 152)
FINGERGESCHICHTEN FÜR DIE KLEINSTEN → Pinguin Kai (S. 81)

KK

VSK

Das große Krokodil

überliefert

Das **gro**ße Kroko**dil,**
das **gro**ße Kroko**dil,**
das **wohnt** am **Nil**
und **frisst** ganz **viel.**
Und **sieht** es **dich** … –
… dann **zwickt es dich!**

Das **klei**ne **Kro**ko**dil,**
das **klei**ne **Kro**ko**dil,**
das **wohnt** am **Nil**
und **frisst** nicht **ganz** so **viel.**
Und **sieht** es **dich** … –
… dann **kitzelt's dich!**

Das *große Krokodil* sind die beiden Handflächen, die als Maul auf- und zuklappen. Beim *kleinen Krokodil* sind es Daumen und Zeigefinger. Der Vers wird in unterschiedlichen Stimmlagen gesprochen, und die Krokodile klappen im Rhythmus (s. Textbetonung im Fettdruck) ihr Maul auf und zu. Am Ende wird gezwickt bzw. gekitzelt.

→ Die Kinder genießen den Spannungsaufbau und die folgende Entspannung und Freude in der jeweils letzten Zeile.

KK

VSK

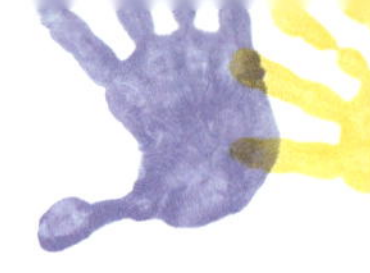

Das Kri-Kra-Krokodil

überliefert

Ein Kri-, ein Kra-, ein Krokodil,
das schwamm ganz faul im Ni-, Na-, Nil
und fraß so viel und schmatzte,
bis es dann plötzlich platzte.

Ein **Kri-**, ein **Kra-**, ein **Kro**kodil,	*die waagerecht aufeinandergelegten Hände auf- und zuklappen (Krokodilmaul)*
das schwamm ganz faul im Ni-, Na-, Nil	*mit den zusammengelegten Händen Schwimmbewegungen ausführen*
und fraß so viel und schmatzte,	*„viel" zeigen und laut schmatzen*
bis es dann plötzlich platzte.	*bei „platz-" 1x laut klatschen*

→ Spiel mit Vokalen

Siehe auch: SPIELE MIT INSTRUMENTEN UND MATERIAL
→ Ein Federchen flog über Land (S. 164)
KANONS → Mitten in Afrika (S. 173)
RITTERSLEUT UND ZWERGENVOLK → Die armen kleinen Drachen (S. 94)

9. Guten Appetit

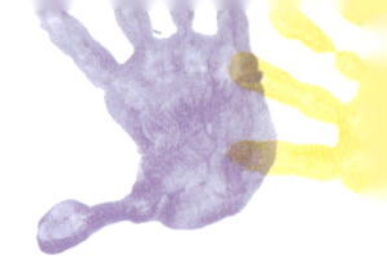

KK

VSK

Kuchen backen

Gabriele Westhoff

1. Kuchen backen, Muffins backen
   oder auch mal Plätzchen backen,
   ja, das kann doch jedes Kind,
   doch es geht nicht so geschwind!

2. Butter, Zucker, Mehl und Ei
   mischen wir jetzt – 1, 2, 3.
   Tüchtig in der Schüssel rühren
   und ganz heimlich noch probieren.

3. Ofen auf, die Form hinein,
   der Kuchen wird bald fertig sein!
   Die Temperatur noch eingestellt,
   warten, bis der Wecker schellt!

4. Endlich ist genug geschuftet,
   oh, wie's in der Küche duftet!
   Kuchen fertig, welch ein Glück,
   ich schenk dir ein großes Stück!

1. **Ku**chen **ba**cken, **Muf**fins **ba**cken **o**der **auch** mal **Plätz**chen **ba**cken,	*im Grundschlag mit einer Faust auf die andere Hand klopfen*
ja, das kann doch jedes Kind,	*beide Ärmel hochschieben (oder die Hände in die Seiten stützen)*
doch es geht nicht so geschwind!	*mit dem Zeigefinger verneinende Geste ausführen*

2. Butter, Zucker, Mehl und Ei	*die 4 Zutaten nacheinander in eine imaginäre Schüssel schütten*
mischen wir jetzt – 1, 2, 3.	*bei den Zahlen 3x klatschen*
Tüchtig in der Schüssel rühren	*mit einem Arm die runde Schüssel zeigen, mit der anderen Hand darin rühren*
und ganz heimlich noch probieren.	*mit dem Zeigefinger vom „Teig naschen"*

3. Ofen auf, die Form hinein,	*das Öffnen der Ofenklappe darstellen, beide Hände zum Schieben nach vorn strecken*
der Kuchen wird bald fertig sein!	*die Ofenklappe schließen*
Die Temperatur noch eingestellt,	*imaginären Drehknopf bewegen*
warten, bis der Wecker schellt!	*die Hände vor der Brust verschränken*

4. Endlich ist genug geschuftet,	*Ärmel wieder hinunterschieben (oder Hände in die Seiten stützen)*
oh, wie's in der Küche duftet!	*den Bauch reiben*
Kuchen fertig, welch ein Glück,	*bei „Glück" 1x klatschen*
ich schenk dir ein großes Stück!	*auf jemanden zeigen, dann Serviergeste mit der flachen Hand ausführen*

→ mit den Händen eine ganze Geschichte erzählen und besprechen, was man zum Kuchenbacken alles benötigt

Siehe auch: AUS ANDEREN LÄNDERN → Tea-Time-Scones (S. 143)

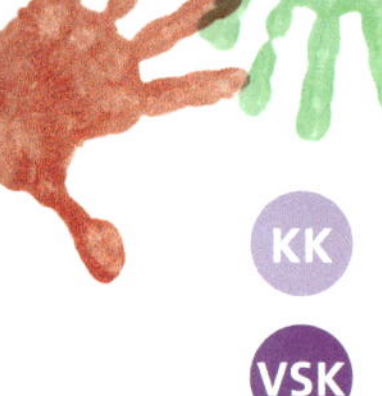
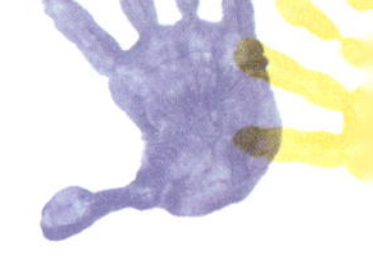

KK

VSK

Hinterm Hause Nummer drei

überliefert

Hinterm Hause Nummer drei
ist die große Bäckerei.
Da gibt's Torten, alle Sorten,
Zuckerbrezeln, süße Kuchen.
Wollen Sie davon versuchen?
Danke sehr, ich hätte gern
Gugelhupf und Zimmetstern.

Hinterm Hause Nummer **drei**	*drei Finger hochstrecken*
ist die große **Bäcke**r**ei.**	*2x auf die Beine patschen*
Da gibt's Torten, alle Sorten,	*mit den Händen eine große Torte zeigen*
Zuckerbrezeln, süße Kuchen.	*den Bauch reiben*
Wollen **Sie** davon versuchen?	*beide Hände nach vorn strecken mit den Handflächen nach oben*
Danke sehr, ich hätte gern	*mit beiden Händen gleichzeitig 1x auf die Brust patschen*
Gugel**hupf** und **Zim**met**stern.**	*4x klatschen*

KK

VSK

Pustekuchen

Ortfried Pörsel

1. Pustekuchen, Pustekuchen,
   ei, den will ich mal versuchen.
   Wie der schmeckt! Wie der schmeckt!
   Hab die Finger abgeleckt.
   „Schleck, Schleck, Schleck."

2. Marmelade, Marmelade
   ist auf's Brot doch viel zu schade.
   Wie sie schmeckt! Wie sie schmeckt!
   Hab die Finger abgeleckt.
   „Schleck, Schleck, Schleck."

1. **Pus**te**ku**chen, **Pus**te**ku**chen, **ei,** den **will** ich **mal** ver**su**chen.	*im Grundschlag abwechselnd mit rechts und links auf die Beine patschen*
Wie der schmeckt! Wie der schmeckt!	*im Wortrhythmus auf den Bauch patschen*
Hab die **Fin**ger **ab**ge**leckt.**	*4x die Hände aneinander vorbeiwischend abwechselnd nach vorne strecken*
„Schleck, Schleck, Schleck."	*mit einem „Schleckgeräusch" imaginär nacheinander drei Finger ablecken*

Die zweite Strophe wird wie die erste begleitet.

Auch auf dem Rücken des Partners („**Rückentrommel**") kann begleitet werden:

1. Pustekuchen, Pustekuchen, ei, den will ich mal versuchen.	*mit den flachen Händen im Wechsel im Grundschlag auf dem Rücken spielen*
Wie der schmeckt! Wie der schmeckt!	*mit der flachen Hand über den Rücken streichen*
Hab die Finger abgeleckt. „Schleck, Schleck, Schleck."	*mit den Zeigefingerspitzen Spuren auf dem Rücken malen*

Siehe auch: FINGERGESCHICHTEN FÜR DIE KLEINSTEN → Mein Lieblingseis (S. 84)
AUS ANDEREN LÄNDERN → Rima de Chocolate (S. 144)
AUS ANDEREN LÄNDERN → Poesje mauw (S. 145)
AUS ANDEREN LÄNDERN → Hiiri keitää puuroo (S. 146)

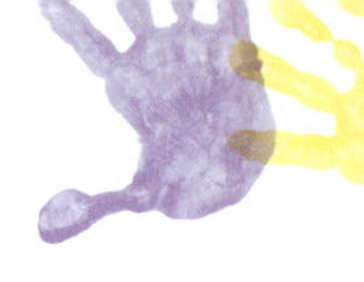

KK

Meine Mi, meine Ma

überliefert

Meine Mi-, meine Ma-, meine Mutter schickt mich her,
ob der Ki-, ob der Ka-, ob der Kuchen fertig wär.
Wenn er ni-, wenn er na-, wenn er noch nicht fertig wär,
käm ich mi-, käm ich ma-, käm ich morgen wieder her!

aus: Gabriele Westhoff, „Herbst- und Martinslieder", Fidula-Verlag Holzmeister GmbH, Koblenz

Bei den Silben auf „i" *1x mit einer Hand auf das rechte/eine Bein patschen,*
bei den Silben auf „a" *1x auf das linke/andere Bein patschen,*
bei den vollständigen Wörtern *1x auf beide Beine gleichzeitig patschen.*

→ Spiel mit Vokalen

Siehe auch: AUS ANDEREN LÄNDERN → Two Little Apples (S. 142)
IM HERBST → Zottelsaum, der Apfeldieb (S. 41)
IM ADVENT → Der Bratapfel (S. 60)
IM ADVENT → Fünf Wichtel (S. 63)
IM ADVENT → Nuss-Strudel (S. 62)

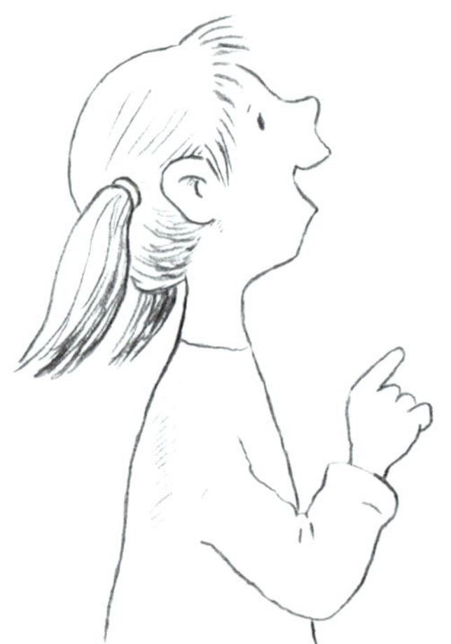

Schlipp-Schlapp-Papp

überliefert
Spielidee: Thilde Lorenz

Gezuckerter, gebutterter
Schlipp-Schlapp-Papp.
Wer aß den Papp?
Hans Franz Vielfraß,
der aß den
gezuckerten, gebutterten
Schlipp-Schlapp-Papp!

aus: Thilde Lorenz, „Allerhand“, Fidula-Verlag Holzmeister GmbH, Koblenz

Ge**zu**cker**ter**, ge**but**ter**ter**	*4x klatschen, dabei immer im Wechsel die eine und die andere Hand nach oben halten*
Schlipp-Schlapp-Papp.	*mit der einen Hand über den Arm innen vom Handgelenk zur Schulter und wieder zurück wischen, bei „Papp“ 1x klatschen*
Wer aß den Papp?	*die Hände mit den Handflächen fragend nach oben ausbreiten, bei „Papp“ 1x klatschen*
Hans Franz Vielfraß,	*eine Hand zur Faust ballen, den Daumen hochstrecken; mit der anderen Hand am Daumen hoch- und wieder zurückrutschen, dann wieder hochstreifen und bei „Viel-“ mit der aktiven Hand einen großen Kreis in die Luft malen*
der aß den	*Hände mit den Handflächen nach oben ausbreiten*
ge**zu**cker**ten**, ge**but**ter**ten**	*wie Zeile 1*
Schlipp-Schlapp-Papp!	*wie Zeile 2*

→ Artikulationstraining
→ Freude an verrückten Textideen und Spielereien
→ Förderung der Beweglichkeit der Hände

Siehe auch: IM HERBST → Der Nussknacker (S. 45)

KK

VSK

Der Koch

überliefert
Arr.: Gabriele Westhoff

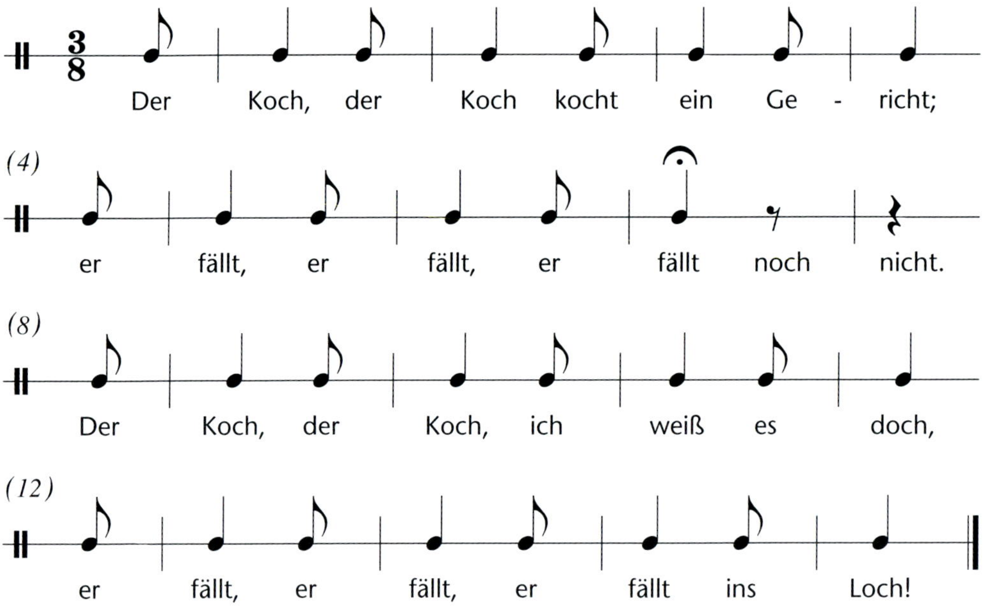

Der Koch, der Koch kocht ein Ge - richt;

(4) er fällt, er fällt, er fällt noch nicht.

(8) Der Koch, der Koch, ich weiß es doch,

(12) er fällt, er fällt, er fällt ins Loch!

Im Rhythmus zum Vers *auf die Beine patschen oder auf unterschiedliche Arten klatschen.* **In Takt 7-8** *pausieren und dann wieder von Neuem beginnen.*

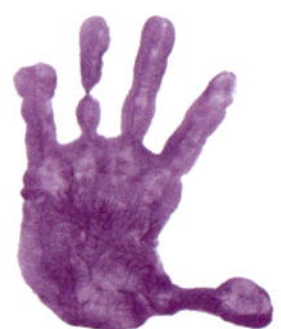

Alternativ wird mit zwei **hölzernen Kochlöffeln** in Takt 1-7 auf den Beinen und in Takt 9-16 gegeneinander gespielt.

- → besonderen Rhythmus im 3/8-Takt ausprobieren
- → den plötzlichen Stopp in Takt 7 genießen
- → Was kocht der Koch? Die Kinder suchen sich eine Suppe aus (Nudelsuppe, Kürbissuppe, Gummibärchensuppe, Schokoladensuppe ...). In welches „Loch" fällt er am Ende? Er fällt in den Suppentopf!
- → als Kniereiter in der Eltern-Kind-Gruppe spielen

KK

VSK

Tisch decken

Gabriele Westhoff

Endlich ist das Essen fertig, Hunger, der ist groß!
Hände waschen, Tisch noch decken, dann geht's endlich los!
Der erste holt den Teller, Ti-, Ta-, Teller,
der zweite holt den Becher, Bi-, Ba-, Becher,
der dritte holt das Messer, Mi-, Ma-, Messer,
der vierte holt die Gabel, Gi-, Ga-, Gabel,
der fünfte bringt den Löffel mit
und ruft dann: „Guten Appetit!"

Endlich **ist** das **Es**sen **fer**tig, **Hun**ger, **der** ist **groß!**	*mit den Händen im langsamen Grundschlag auf den Bauch patschen*
Hände waschen, Tisch noch decken, dann geht's endlich los!	*im doppelten Tempo auf die Beine patschen, dabei immer lauter werden*
Der erste holt den Teller, Ti-, Ta-, Teller, der zweite holt den Becher, Bi-, Ba-, Becher, der dritte holt das Messer, Mi-, Ma-, Messer, der vierte holt die Gabel, Gi-, Ga-, Gabel, der fünfte bringt den Löffel mit und ruft dann: „Guten Appetit!"	*nacheinander alle fünf Finger einer Hand hochstrecken – am Ende rufen alle: „Guten Appetit"*

→ Die letzten vier Silben der Zeilen 3-6 sprechen die Kinder nach kurzer Zeit mit.
→ Spaß am Spiel mit Vokalen
→ intensive Dehnung der Muskeln beim Fingerstrecken

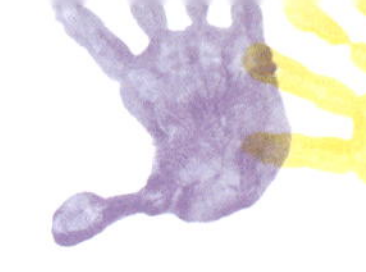

Kraut und Rüben

überliefert
Spielidee: Thilde Lorenz

Kraut und Rüben
haben mich vertrieben;
hätt' meine Mutter Fleisch gekocht,
so wär ich noch geblieben.

aus: Thilde Lorenz, „Allerhand", Fidula-Verlag Holzmeister GmbH, Koblenz

Zuerst werden die Fäuste geballt und die Daumen liegen auf der Faust.

Kraut und Rüben haben mich vertrieben;	*Bei „Kraut" wird der eine Daumen hochgestreckt und gleichzeitig wird der andere Daumen in der anderen Faust versteckt; bei „Rü-" geht es umgekehrt: der erste Daumen verschwindet in der einen Faust, während der zweite gleichzeitig hochgestreckt wird; die nächsten Wechsel erfolgen bei „ha-" und bei „-trie-".*
hätt' meine Mutter Fleisch gekocht, so wär ich noch geblieben.	*Die Bewegungen bleiben die gleichen, können aber hier im doppelten Tempo ausgeführt werden.*

→ Statt „Fleisch" könnte die Mutter natürlich auch Fisch, Pudding oder Nudeln gekocht haben.
→ Rechts-links-Koordination
→ feinmotorisches Training

Siehe auch: IM HERBST → Fünf kleine Kartoffelmänner (S. 43)
SPIELE MIT INSTRUMENTEN UND MATERIAL → Nudelsuppe (S. 155)

KK

VSK

Da droben auf dem Berge

überliefert

Da droben auf dem Berge,
da ist der Teufel los,
da zanken sich fünf Zwerge
um einen dicken Kloß!

Der erste will ihn haben,
der zweite lässt ihn los,
der dritte fällt in'n Graben,
dem vierten platzt die Hos!

Der fünfte, der ist schneller
und schnappt sich gleich den Kloß;
er legt ihn auf den Teller
und isst ihn auf mit Soß!HMMMM!

Da droben auf dem Berge, da ist der Teufel los,	*die Fingerspitzen nach oben gestreckt als Dreieck (Gipfel) aneinanderlegen*
da zanken sich fünf Zwerge	*die Finger einer Hand spreizen (5 Zwerge)*
um einen dicken Kloß!	*mit der anderen Hand eine Faust (Kloß) ballen*
Der erste will ihn haben,	*den Daumen zuerst einklappen*
der zweite lässt ihn los,	*den Zeigefinger einklappen*
der dritte fällt in'n Graben,	*den Mittelfinger einklappen*
dem vierten platzt die Hos!	*den Ringfinger einklappen*
Der fünfte, der ist schneller	*den kleinen Finger zeigen*
und schnappt sich gleich den Kloß;	*mit der Hand die Faust (Kloß) umfassen*
er legt ihn auf den Teller	*eine flache Hand (Teller) ausstrecken, die Faust drauflegen*
und isst ihn auf mit Soß!HMMMM!	*genüsslich den Bauch reiben*

→ Hier funktioniert das klassische Fingerspiel anders herum:
Ein Finger nach dem anderen wird weggesteckt.

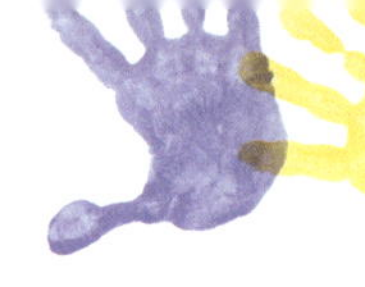

Fischgräten

überliefert
Spielidee: Thile Lorenz

Hätte nicht gedacht, dass Fischgräten
1 2 1 2
dies täten, das täten,
3 2 4 2
dass sie also stechen täten,
3 4 5 6
die verflixten Fischegräten!
7 8 9 10

aus: Thilde Lorenz, „Allerhand", Fidula-Verlag Holzmeister GmbH, Koblenz

1: *Hände falten und die Finger abstrecken*
2: *alle Fingerspitzen gegeneinandersetzen*
3: *mit dem rechten gestreckten Zeigefinger gegen die linke gestreckte Handinnenfläche stechen*
4: *mit dem linken gestreckten Zeigefinger gegen die rechte gestreckte Handinnenfläche stechen*
5: *mit dem rechten Mittelfinger gegen die linke Hand*
6: *mit dem linken Mittelfinger gegen die rechte Hand*
7: *mit dem rechten Ringfinger gegen die linke Hand*
8: *mit dem linken Ringfinger gegen die rechte Hand*
9: *mit dem rechten kleinen Finger gegen die linke Hand*
10: *mit dem linken kleinen Finger gegen die rechte Hand stechen*

→ Zur dritten und vierten Zeile immer schneller werden, dann das Spiel sofort wieder langsam von vorn beginnen.
→ Für jüngere Kinder empfiehlt es sich, die zweite Zeile genauso zu begleiten wie die erste und dann zur dritten Zeile alle vier Finger einer Hand nacheinander stechen zu lassen und erst zur vierten Zeile die Finger der anderen Hand nacheinander einzusetzen.
→ feinmotorisches Training
→ Beweglichkeit der Hände wird gefördert.
→ Förderung der Rechts-links-Koordination

Siehe auch: KANONS → Uno, due, tre (S. 170)

10. Nonsens-Verse

U gonni, gonni ßa

VSK

GSK

überliefert
Textfassung: Johannes Holzmeister
Arr.: Gabriele Westhoff

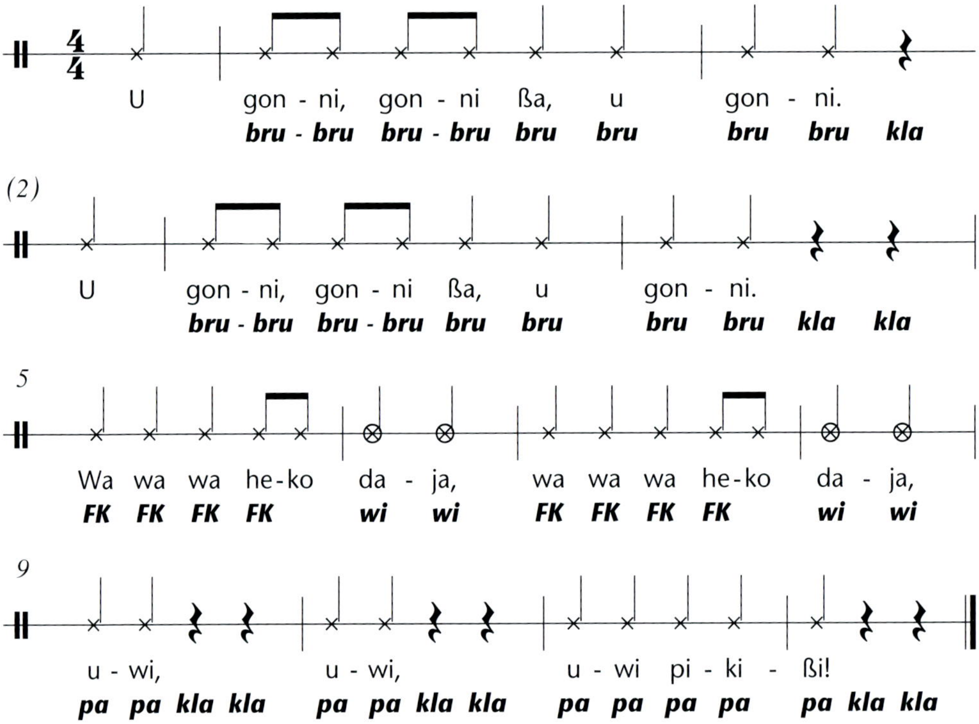

U gon - ni, gon - ni ßa, u gon - ni.
bru - bru bru - bru bru bru bru bru kla

(2)
U gon - ni, gon - ni ßa, u gon - ni.
bru - bru bru - bru bru bru bru bru kla kla

5
Wa wa wa he-ko da - ja, wa wa wa he-ko da - ja,
FK FK FK FK wi wi FK FK FK FK wi wi

9
u - wi, u - wi, u - wi pi - ki - ßi!
pa pa kla kla pa pa kla kla pa pa pa pa pa kla kla

aus: Johannes Holzmeister u. a., „Die Maultrommel", © Fidula-Verlag Holzmeister GmbH, Koblenz

bru = *abwechselnd mit der rechten und linken Faust auf die Brust klopfen*
kla = *klatschen*
FK = *die Fäuste mit den Fingerknöcheln gegeneinander klopfen*
wi = *die Hände aneinander vorbeiwischend abwechselnd nach vorne strecken*
pa = *mit rechts und links abwechselnd auf die Beine patschen*

→ langsam anfangen und das Tempo mehr und mehr steigern
→ metrische Schulung
→ Förderung der Beweglichkeit der Hände
→ Alle Kinder, egal welcher Muttersprache, haben bei den Nonsens-Versen die gleichen Voraussetzungen und genießen das Spiel mit Sprache und Silben.
→ Artikulationstraining
→ Konzentrationstraining

KK

VSK

GSK

Ene mene mei

überliefert

Oh, ene mene mei,
makkaroni futschi dei,
futschi dei dei dei,
papagei gei gei.

Oh, **ene** **me**ne **mei,**	*3x im Wechsel rechts und links auf die Beine patschen*
makka**ro**ni **fut**schi **dei,**	*3x die Fäuste zum Turm übereinanderstellen*
futschi **dei dei dei,**	*3x mit den Fäusten abwechselnd auf die Brust klopfen*
papa**gei gei gei.**	*einen Vogelschnabel mit den beiden Handflächen bilden, 3x öffnen und laut zuklappen*

→ auch einmal ganz leise beginnen und immer lauter werden
→ oder langsam beginnen und immer schneller werden

VSK

GSK

Piki now

aus Sambia
Arr.: Gabriele Westhoff

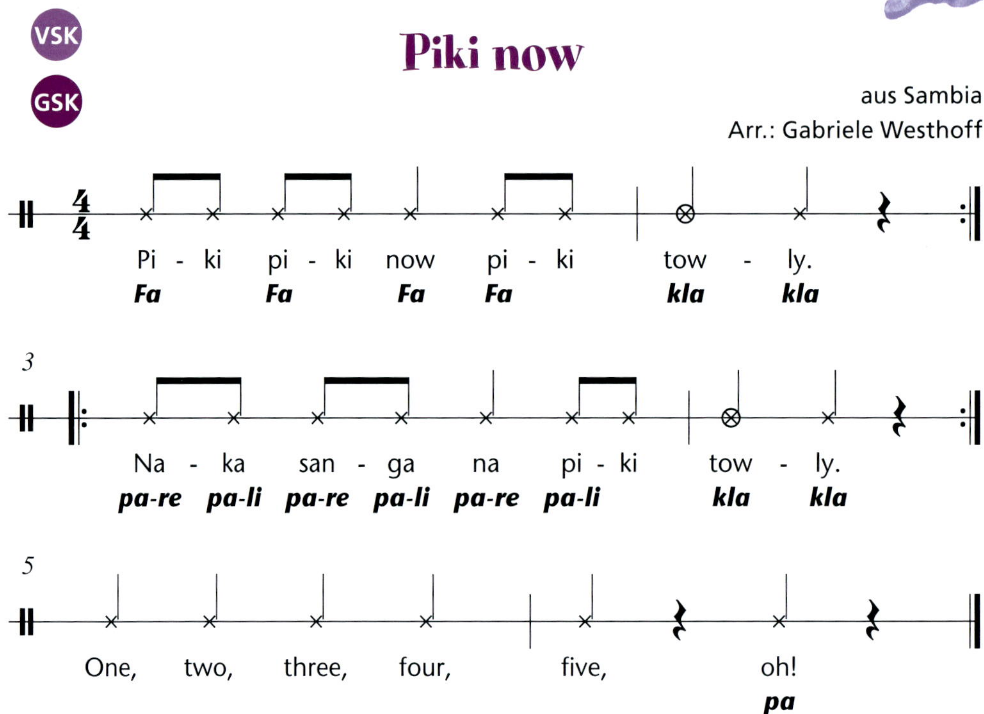

Aussprache:
now: „nau" (wie im Englischen)
towly: „toli" (mit offenem „o" wie bei „toll")

Fa Fa = *eine Faust über die andere stapeln, in die Höhe führen*
kla = *klatschen*
pa-re = *mit der rechten Hand auf das rechte Bein patschen*
pa-li = *mit der linken Hand auf das linke Bein patschen*
pa = *mit beiden Händen gleichzeitig auf die Beine patschen*

In der letzten Zeile werden alle Finger einer Hand nacheinander berührt oder hochgestreckt und abgezählt. Dabei wird in verschiedenen Sprachen (z. B. den Muttersprachen der Kinder) gezählt:

italienisch: uno, due, tre, quattro, cinque – oh!
spanisch: uno, dos, tres, cuatro, cinco – oh!
türkisch: bir, iki [ikje], üç [ütch], dört, beş [beesch] – oh!
französisch: un, deux, trois, quatre, cinq – oh!
deutsch: eins, zwei, drei, vier, fünf – oh!

→ zählen lernen in verschiedenen Sprachen
→ Artikulationstraining

Emia enza penza

VSK

GSK

aus der Schweiz

E-mi-a
enza penza,
schugera penza,
schugera mia plam plam plam,
questa tore,
tore mio,
tore mio platsch!

E-mi-a	*3x alle Fingerspitzen gegeneinandertippen*
enza **pen**za, **schu**gera **pen**za, **schu**gera **mi**a **plam plam plam,**	*immer abwechselnd parallel und über Kreuz auf die Beine patschen, bei „plam, plam, plam" 3x klatschen*
questa **to**re, **to**re **mi**o, **to**re **mi**o **platsch!**	*immer abwechselnd parallel und über Kreuz auf die Beine patschen, bei „platsch" 1x auf die Wangen patschen*

→ langsam beginnen und immer schneller werden
→ Die Beweglichkeit der Hände wird trainiert.
→ Spiel mit lautmalerischen Konsonanten und Vokalen

VSK

GSK

Ene mene dube dene

überliefert
Arr.: Gabriele Westhoff

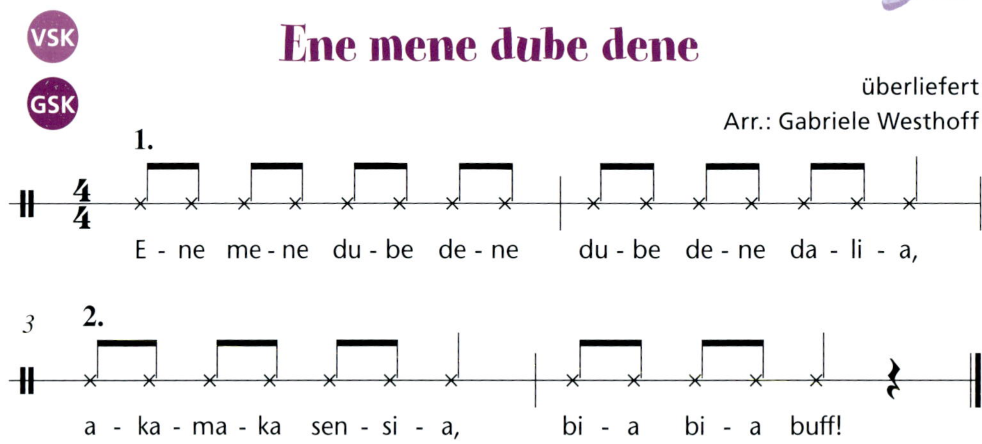

Vorab alle Fingerspitzen der rechten und linken Hand aneinanderlegen.

Takt 1-2: *im Viertelpuls immer im Wechsel die Hände mit ausgestreckten Fingern falten (ineinander verschränken) und dann wieder die Fingerspitzen gegeneinandersetzen*

Takt 3-4: *im Viertelpuls immer im Wechsel mit den Fäusten und der flachen Hand auf den Beinen spielen; in der letzten Viertelpause 1x klatschen*

Auch im **Kanon** probieren. Wenn der Vers im Kanon ohne die Gesten gesprochen wird, sollte der Klatscher am Ende trotzdem ausgeführt werden.

→ langsam beginnen und immer schneller werden
→ feinmotorische Schulung
→ metrische Schulung
→ einen Sprech- und Gestenkanon einstudieren

VSK

GSK

Dumla, dumla

aus den Niederlanden
Arr.: Gabriele Westhoff

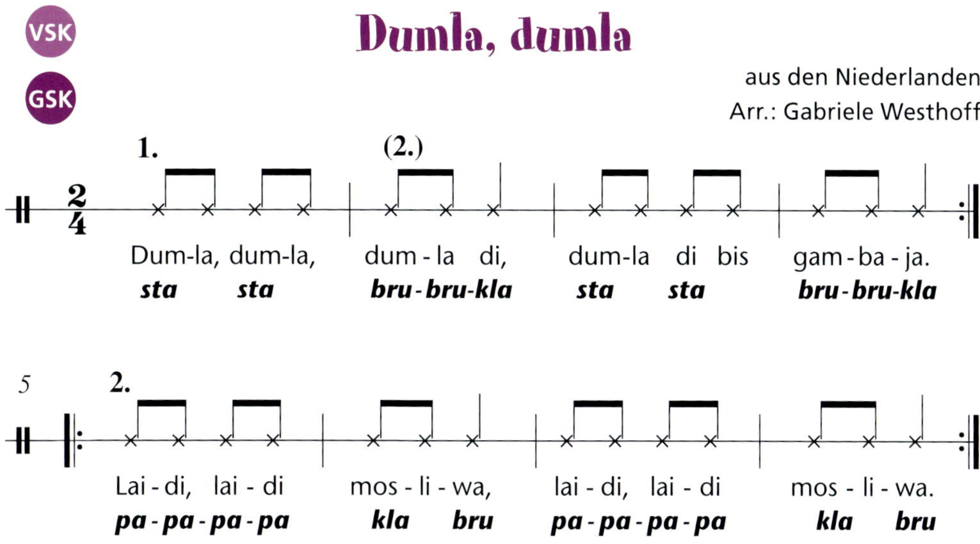

sta = *stampfen*
kla = *klatschen*
pa = *abwechselnd mit rechts und links auf die Beine patschen*
bru = *mit einer oder beiden Fäusten auf die Brust klopfen*

Zuerst den Vers mit den Klanggesten einstudieren.

Dann in **zwei Gruppen** agieren: Die erste Gruppe übernimmt die erste Zeile, und gleichzeitig erklingt die zweite Zeile von der zweiten Gruppe.
Anschließend die Rollen tauschen.

Auch im zweistimmigen **Kanon** probieren – erst nur gesprochen, dann gesprochen und mit Klanggesten. Der zweite Einsatz kann zur zweiten Zeile oder auch schon nach einem Takt versetzt beginnen. Auch weitere taktweise Einsätze sind möglich.

→ Auch ein reiner Klanggestenkanon ohne gesprochenen Text hat seinen Reiz.
→ metrische Förderung
→ Beweglichkeit der Hände wird trainiert.
→ Sprech- und Gestenkanon wird probiert.
→ Konzentrationstraining

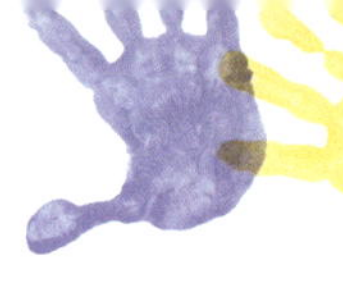

Eni beni

überliefert

Eni beni subtraheni
divi davi domi neni
ecco brocca casa nocca
zingele zangele dus.

Eni beni subtraheni	*mit beiden Fäusten abwechselnd auf den Beinen spielen*
divi **da**vi **do**mi **ne**ni	*mit der einen Faust 4x auf der ausgestreckten anderen Innenhand spielen*
ecco brocca casa nocca	*mit beiden Fäusten abwechselnd auf die Brust klopfen*
zingele **zan**gele **dus.** – *„klatsch"*	*mit den Fingerknochen der beiden Fäuste 3x gegeneinanderspielen, dann 1x klatschen*

→ Die erste und dritte Zeile werden auf jeder Silbe, die zweite und vierte im Gegensatz dazu nur im halben Tempo, also auf jeder zweiten Silbe begleitet.
→ Hier wird die deutliche Artikulation trainiert, wenn besonders ausdrucksstark gesprochen wird.

11. Aus anderen Ländern

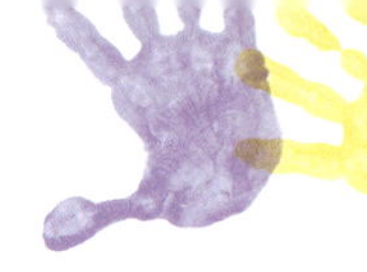

Two Little Apples

aus England

Two little apples
hanging over on a tree,
two little apples
smiling at me.
I shook that tree
as hard as I could.
Down came the apples.
Hmm! They were good!

aus: Gabriele Westhoff, „Herbst- und Martinslieder“, Fidula-Verlag Holzmeister GmbH, Koblenz

Wörtliche Übersetzung:
Zwei kleine Äpfel hingen am Baum,
zwei kleine Äpfel lachten mich an.
Ich schüttelte den Baum so fest ich konnte.
Die Äpfel fielen herunter,
hmm – die schmeckten gut!

Two little apples hanging over on a tree,	*zwei Fäuste am ausgestreckten Arm her-unterhängen lassen*
two little apples smiling at me.	*zwei Fäuste zum eigenen Gesicht drehen*
I shook that tree as hard as I could.	*die Fäuste kräftig schütteln*
Down came the apples.	*die Fäuste auf die Beine fallen lassen*
Hmm! They were good!	*gestisch in einen Apfel beißen und sich den Bauch reiben*

→ englische Vokabeln mit Hilfe der Gesten lernen

Tea-Time-Scones

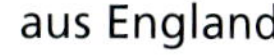

aus England

Just take your tasty little scones,
spread butter and the jam.
You wipe your fingers on your pants
and eat up all you can!

aus: „musikpraxis 119" (Banchetto Musicale), Fidula-Verlag Holzmeister GmbH, Koblenz

Wörtliche Übersetzung:
Nimm einfach die leckeren kleinen Scones,
verteile Butter und Marmelade drauf.
Wisch deine Finger an der Hose ab
und iss so viel du kannst!

Just take your tasty little scones,	*eine Faust zeigen*
spread butter and the jam.	*Hand öffnen und mit der anderen Hand über die Innenfläche wischen*
You wipe your fingers on your pants	*Hände an der Hose abwischen*
and eat up all you can!	*gestisch hineinbeißen – hmmm!*

→ englische Vokabeln mit Hilfe der Gesten lernen

VSK

GSK

Rima de Chocolate

aus Spanien
Arr.: Gabriele Westhoff

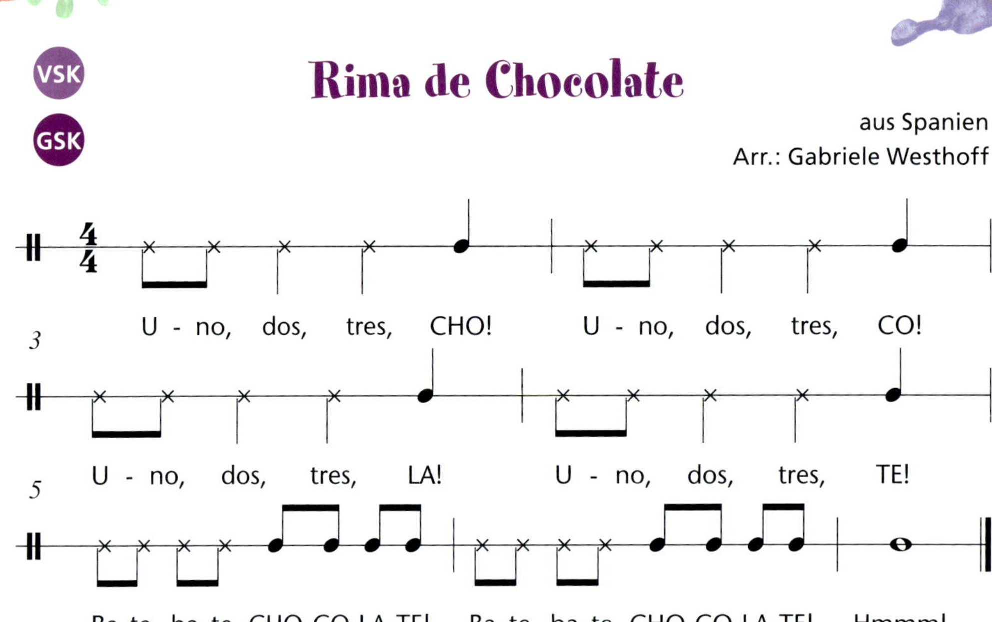

Wörtliche Übersetzung:
Uno, dos, tres: eins, zwei, drei
Bate: schlage (gemeint ist hier, dass die flüssige Schokolade kräftig gerührt wird)

„Uno, dos, tres“: *nacheinander drei Finger zeigen, im Piano dazu sprechen*
„Bate, bate“: *auf die Beine patschen im Wechselschlag und im Piano dazu sprechen*
„Cho-co-la-te“: *erst die Silben und dann das ganze Wort ohne Gesten im Forte sprechen*
„Hmmm“: *genüsslich den Bauch reiben*

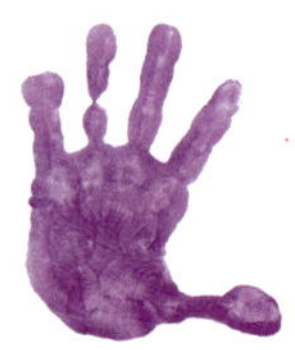

Gestaltung mit **zwei Gruppen:**
Die 1. Gruppe spricht alle Teile mit Notenhals nach unten im Piano, die 2. Gruppe spricht alle Teile mit Notenhals nach oben im Forte, das „Hmmm“ sprechen alle gemeinsam. Dann werden die Rollen getauscht.

Alternative
Begleitung mit **Trommeln** und **Schellenstäben:**
Zu allen nach unten gehalsten Noten spielen die Trommeln, zu allen nach oben gehalsten Noten spielen die Schellen. Im letzten Takt wird über die Trommel gerieben und gleichzeitig werden die Schellen geschüttelt.

→ Sprechen im Forte und Piano
→ spanische Zahlwörter lernen
→ mit Text oder Instrumenten in zwei Gruppen agieren

KK

VSK

Poesje mauw

aus den Niederlanden

Poesje mauw
kom eens gauw,
ik heb lekkere melk voor jou.
En voor mij
rijstebrij.
O, wat heerlijk smullen wij.

Aussprache:
Pusche mau
kum eens chau, (ch wie bei „kochen")
ick heb leckere melk for jau.
Enn for mei
reistebrei.
O, wat heerlick smülle wei.

Wörtliche Übersetzung:
Kätzchen miau,
komm her bald,
ich hab leckere Milch für dich.
Und für mich
Milchreis.
O, wie köstlich schlemmen wir.

Poesje mauw	*flache Fäuste bilden (Katzenpfoten) und diese auf den Oberschenkeln abrollen*
kom eens gauw,	*mit dem Zeigefinger locken*
ik heb lekkere melk voor jou.	*gestisch Milch in eine Schale gießen*
En voor mij	*auf sich selbst zeigen*
rijstebrij.	*beide Hände hohl aneinanderlegen (Schüssel)*
O, wat heerlijk smullen wij.	*genüsslich den Bauch reiben – „Mmmmh"*

→ eine Geschichte in fremder Sprache erzählen

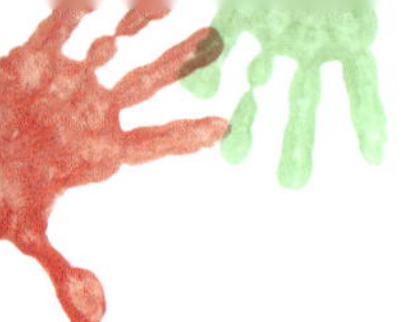

Hiiri keitää puuroo

aus Finnland

Hiiri keitää puuroo,
hiiri keitää puuroo.
Antaa tälle pojalle,
antaa tälle tytölle,
antaa tälle pojalle,
antaa tälle tytölle –
mutta tämä jäi ilman.

Aussprache:
ei – wie bei „hey"
t – sehr weich, wie „d"
y – wie „ü"

Wörtliche Übersetzung:
Die Maus (hiiri) kocht Brei (puuroo),
die Maus kocht Brei.
Gib diesem Jungen (pojalle),
gib diesem Mädchen (tytölle),
gib diesem Jungen,
gib diesem Mädchen –
aber dieser hier bekommt leider nichts.

Hiiri keitää puuroo, **hiiri keitää puuroo.**	*mit dem einen Arm eine Schüssel zeigen,* *mit der anderen Hand darin rühren*
Antaa tälle pojalle, **antaa tälle tytölle,** **antaa tälle pojalle,** **antaa tälle tytölle –**	*nacheinander den Daumen bis Ringfinger zeigen*
mutta tämä jäi ilman.	*den kleinen Finger zeigen und mit großem Bedauern sprechen*

→ in fremder Sprache eine kleine Geschichte erzählen

Siehe auch: TIERGESCHICHTEN → Juokse, juokse hiiri (S. 106)

Deux petits oiseaux

VSK

GSK

aus Frankreich

Deux petits oiseaux
assis sur une branche.
Je m'appelle Fifi,
je m'appelle Blanche.
Au revoir Fifi,
au revoir Blanche.
Bonjour Fifi,
bonjour Blanche.

aus: Gabriele Westhoff, „Frühlings- und Maienlieder", Fidula-Verlag Holzmeister GmbH, Koblenz

Wörtliche Übersetzung:
Zwei kleine Vögel
sitzen auf einem Ast.
„Ich heiße Fifi",
„ich heiße Blanche."
Auf Wiedersehen, Fifi,
auf Wiedersehen, Blanche.
Guten Tag, Fifi,
guten Tag, Blanche.

Deux petits oiseaux	*zwei Finger hochstrecken, „klein" zeigen, Vögel mit Schwingen zeigen, indem die beiden Daumen eingehakt werden*
assis sur une branche.	*Ein Unterarm bildet den Ast, auf dem ein Vogel (Daumen und Zeigefinger bilden den Schnabel) sitzt.*
Je m'appelle Fifi,	*Der erste Vogel öffnet und schließt seinen Schnabel (Daumen und Zeigefinger), um sich vorzustellen.*
je m'appelle Blanche.	*Der andere Vogel stellt sich vor.*
Au revoir Fifi, au revoir Blanche.	*Beide Vögel verschwinden nacheinander hinter dem Rücken (dabei auf die richtige Reihenfolge achten).*
Bonjour Fifi, bonjour Blanche.	*Beide Vögel kommen nacheinander hinter dem Rücken wieder hervor.*

→ französische Vokabeln mit Hilfe der Gesten lernen
→ eine Geschichte in fremder Sprache erzählen

Pium paum paukkaa

VSK

GSK

aus Finnland
Arr.: Gabriele Westhoff

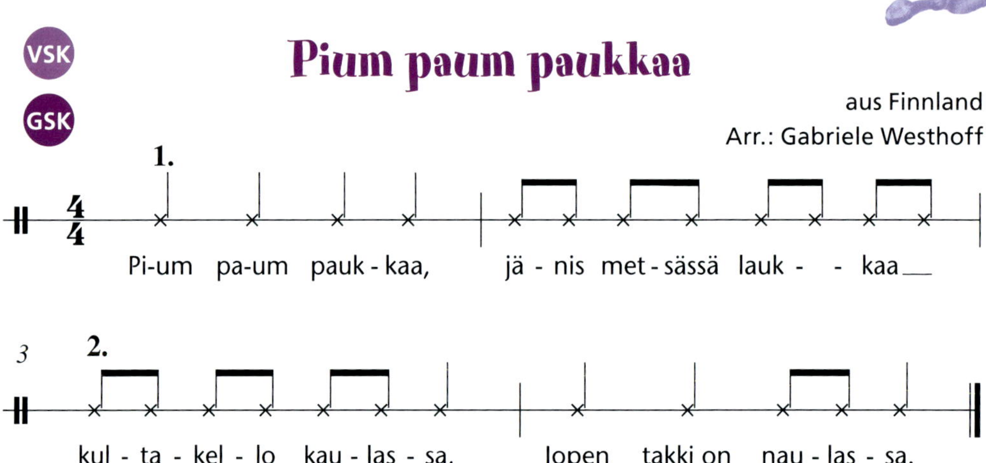

Aussprache:
s – stimmlos, scharf gesprochen, wie „ß"
t – sehr weich, wie „d"

Sinngemäße Übersetzung:
Husch, husch, husch!
Ein Hase (jänis), mit einer goldenen Uhr (kultakello) geschmückt, läuft schnell durch den Wald (metsä).

Takt 1: *die Handflächen 4x aneinander vorbeiwischend abwechselnd nach vorne strecken*
Takt 2: *im Achtelmetrum und Wechselschlag auf die Beine patschen*
Takt 3: *im Wortrhythmus und Wechselschlag mit den Fäusten auf die Brust klopfen*
Takt 4: *im notierten Rhythmus klatschen*

→ Artikulationstraining
→ metrisch-rhythmische Schulung
→ Der Vers kann auch im **Kanon** gesprochen oder als Klanggestenkanon gestaltet werden.

KK

VSK

Farfallina

aus Italien

Farfallina, bella e bianca,
vola, vola, mai si stanca.
Vola di qua, vola di la.
Ti dà un bacio e se ne va!

Aussprache:
Farfallina, bella e biangka,
wola, wola, mai ssi s-tangka.
Wola die kwa, wola die la.
Ti da un batscho e sse ne wa.

Wörtliche Übersetzung:
Schmetterling, schön und weiß,
fliege, fliege, sei niemals müde.
Fliegt hierhin, fliegt dorthin.
Er gibt dir einen Kuss und fliegt davon.

Die Daumen beider Hände werden ineinandergehakt und bilden so den Schmetterling mit zwei Flügeln.

Farfallina, bella e bianca,	*Der Schmetterling fliegt durch die Luft.*
vola, vola, mai si stanca.	*Der Schmetterling ist müde und ruht sich aus.*
Vola di qua, vola di la.	*Er fliegt erneut los, einmal nach rechts, einmal nach links (oder auf Schoß/Bein/Kopf der Nachbarn).*
Ti dà un bacio e se ne va!	*Er fliegt davon (Hände hinter dem Rücken verstecken) – am Ende einen lauten Kuss in die Luft schicken („Luftkuss“).*

Siehe auch: IM SOMMER → Here Is the Beehive (S. 28)
IM ADVENT → La Befana (S. 70)
RITTERSLEUT UND ZWERGENVOLK → Gli gnomi della montagna (S. 90)

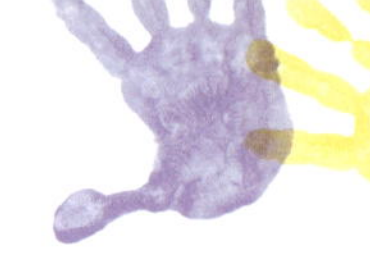

Five Little Seashells

aus den USA

Five little seashells lying on the shore.
SWISH – went a big wave and then there were four.
Four little seashells lying near the sea.
SWISH – went a big wave and then there were three.
Three little seashells lying next to you.
SWISH – went a big wave and then there were two.
Two little seashells lying in the sun.
SWISH – went a big wave and then there was one.
One little seashell lying all alone.
I picked it up. I took it home.

Übersetzung:
Fünf kleine Muscheln lagen am Ufer.
Swish – kam eine große Welle und dann waren es vier.
Vier kleine Muscheln lagen neben dem Wasser …
Drei kleine Muscheln lagen nah bei dir …
Zwei kleine Muscheln lagen in der Sonne …
Eine kleine Muschel lag ganz allein.
Ich hob sie auf. Ich nahm sie mit nach Haus.

Die fünf Finger einer Hand waagerecht nach vorn ausstrecken.
Bei „SWISH" *mit der anderen Hand vom Ellenbogen aus über die Hand wischen. Gleichzeitig den ausgestreckten Daumen einklappen, so dass nur noch vier Finger ausgestreckt übrigbleiben.*
So fortführen, einen Finger nach dem anderen einklappen, so dass am Ende nur noch der kleine Finger zu sehen ist.
In den beiden Schlusszeilen *wird zunächst der kleine Finger hin und her bewegt, dann mit der anderen Hand umfasst (der kleine Finger verschwindet dann auch noch in der Faust der „Muschelhand") und gestisch in die Tasche gesteckt.*

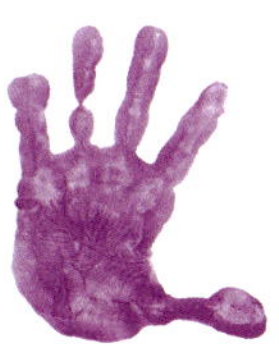

Alternative

Die Lehrkraft hat **5 Muscheln** vor sich liegen. Bei „SWISH" lässt sie mit einem **blauen Tuch** eine Welle über die Muscheln gleiten und nimmt zugleich eine der Muscheln weg. Die letzte übriggebliebene Muschel wird aufgehoben und in die Tasche gesteckt.

Es können auch alle Kinder **je 5 kleine Muscheln** vor sich liegen haben. Bei „SWISH" zeigen sie mit einer Hand eine große Welle an, heben eine Muschel auf und legen sie beiseite. Die letzte Muschel wird am Ende in die Hosentasche gesteckt.

→ Rechts-links-Koordination beim Handgestenspiel
→ englische Zahlwörter kennenlernen und rückwärts zählen

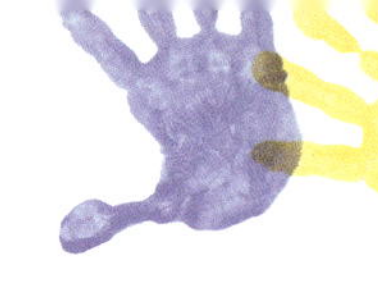

One, Two, Three

aus England/USA

One, two, three, four, five,
once I caught a fish alive.
Six, seven, eight, nine, ten,
then I let it go again.
Why did you let it go?
Because it bit my finger so!
Which finger did it bite?
This little finger on my right.

Wörtliche Übersetzung:
1, 2, 3, 4, 5,
einmal fing ich einen lebendigen Fisch.
6, 7, 8, 9, 10,
dann ließ ich ihn wieder frei.
Warum hast du ihn wieder freigelassen?
Weil er mir in den Finger biss!
In welchen Finger hat er denn gebissen?
In den kleinen Finger meiner rechten Hand.

One, two, three, four, five,	*nacheinander die fünf Finger einer Hand zeigen*
once I caught a fish alive.	*bei „caught" 1x klatschen*
Six, seven, eight, nine, ten,	*nacheinander die fünf Finger der anderen Hand zeigen*
then I let it go again.	*beide Handinnenflächen aneinanderlegen und den „Fisch" im Wasser schwimmen lassen*
Why did you let it go?	*beide Hände fragend nach vorne strecken*
Because it bit my finger so!	*bei „fin-" 1x klatschen*
Which finger did it bite?	*beide Hände fragend nach vorne strecken*
This little finger on my right.	*den rechten kleinen Finger einzeln hochstrecken und auf und ab bewegen*

→ englische Zahlwörter bis 10 lernen

Siehe auch: IM SOMMER → Here Is the Beehive (S. 28)

KK
VSK
GSK

Mes petites mains

aus Frankreich

Mes petites mains font tap, tap, tap!
Mes petits pieds font paf, paf, paf!
Un, deux, trois – un, deux, trois,
trois petits tours et puis s'en va!

Wörtliche Übersetzung:
Meine kleinen Hände machen tap, tap, tap,
meine kleinen Füße machen paf, paf, paf.
1, 2, 3 – 1, 2, 3,
drei kleine Runden und dann verschwinden sie.

Mes petites mains font **tap, tap, tap!**	*3x klatschen*
Mes petits pieds font **paf, paf, paf!**	*3x auf die Beine patschen oder stampfen*
Un, deux, trois – un, deux, trois,	*nacheinander drei Finger der einen Hand, dann drei Finger der anderen Hand zeigen*
trois petits tours et puis s'en va!	*die Hände umeinanderdrehen und dann schnell hinter dem Rücken verstecken*

→ französische Zahlwörter lernen
→ mit Hilfe der Gesten französische Vokabeln lernen

Siehe auch: KANONS → Ose wise wose (S. 167)
NONSENS-VERSE → Emia enza penza (S. 137)
NONSENS-VERSE → Dumla, dumla (S. 139)
KANONS → Chili go go go (S. 169)
SPIELE MIT INSTRUMENTEN UND MATERIAL → Na Bahia tem (S. 165)
NONSENS-VERSE → Piki now (S. 136)

12.
Spiele mit Instrumenten und Material

KK

VSK

GSK

Nudelsuppe

Gabriele Westhoff

1. Nudelsuppe, Nudelsuppe kochen wir heut' hier.
   Lasst uns tüchtig rühren und auch schnell probieren.
   Teller leer, gleich noch mehr, gleich ess ich noch mehr!

2. Kürbissuppe, Kürbissuppe kochen wir heut' hier.
   Lasst uns tüchtig rühren und auch schnell probieren.
   Das schmeckt fein, so soll's sein, das schmeckt wirklich fein!

3. Bohnensuppe, Bohnensuppe kochen wir heut' hier.
   Lasst uns tüchtig rühren und auch schnell probieren.
   Dies Gericht mag ich nicht, mag ich wirklich nicht!

4. Erbsensuppe, Erbsensuppe kochen wir heut' hier.
   Lasst uns tüchtig rühren und auch schnell probieren.
   Angebrannt, weggerannt, ganz schnell weggerannt – ZACK!

Wir begleiten die Verse mit zwei **Esslöffeln:**
1. Zeile: *mit den Löffeln abwechselnd im Wortrhythmus auf Boden/Tisch/Beine spielen*
2. Zeile: *die Löffel ohne Geräusch quer vor dem Körper umeinanderdrehen*
3. Zeile: *die Löffel im Wortrhythmus gegeneinanderspielen*

→ Alle Strophen werden identisch begleitet. Bei „ZACK" werden die Löffel hinter dem Rücken versteckt.
→ Natürlich werden die Suppen nach Geschmack der Kinder gekocht und die jeweils letzten Zeilen entsprechend variiert.
→ Alternative: Pflaumenkuchen, Erdbeertorte, Apfelkuchen, Schokokuchen „Pflaumenkuchen, Pflaumenkuchen backen wir heut' hier …"

Siehe auch: AUS ANDEREN LÄNDERN → Rima de Chocolate (S. 144)
GUTEN APPETIT → Der Koch (S. 128)

VSK

GSK

Die Frösche am Teich

Gabriele Westhoff

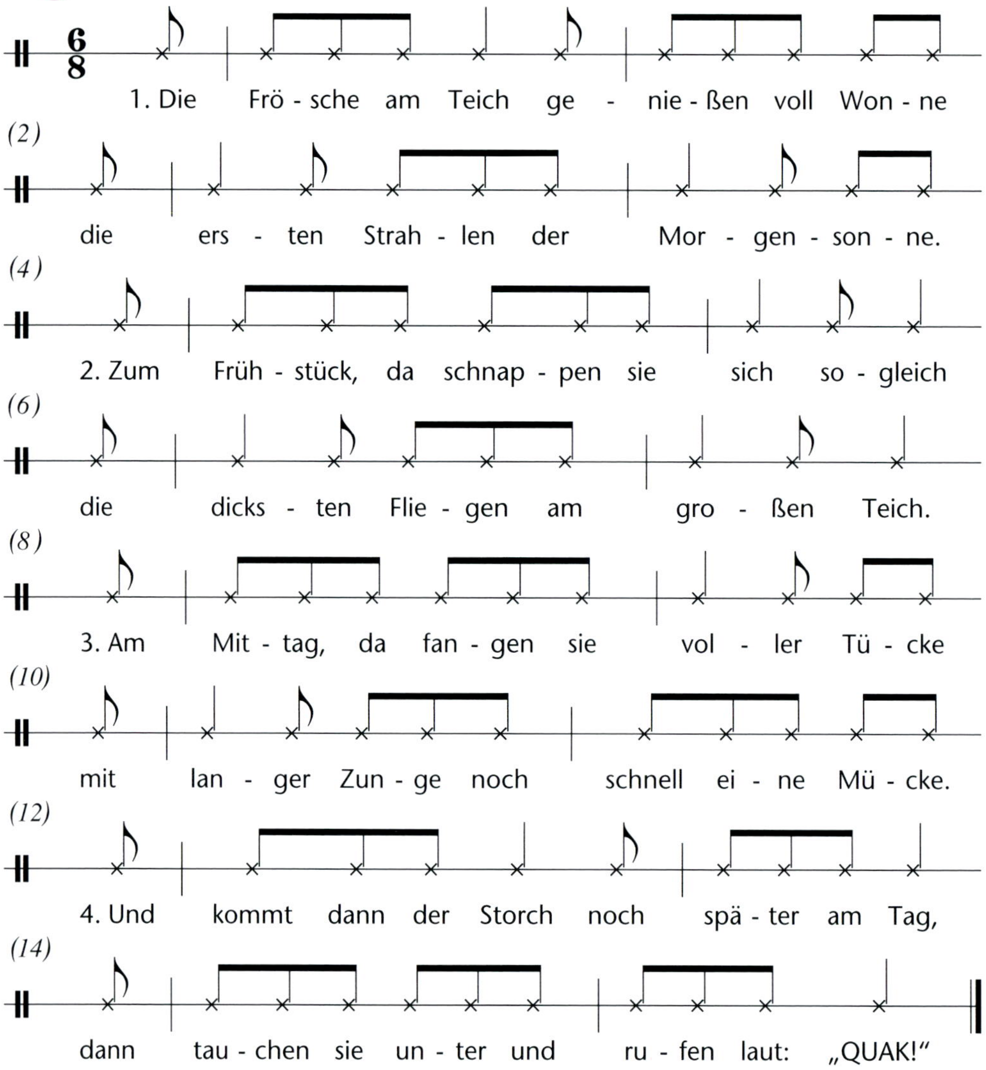

6/8

1. Die Frö - sche am Teich ge - nie - ßen voll Won - ne

(2) die ers - ten Strah - len der Mor - gen - son - ne.

(4) 2. Zum Früh - stück, da schnap - pen sie sich so - gleich

(6) die dicks - ten Flie - gen am gro - ßen Teich.

(8) 3. Am Mit - tag, da fan - gen sie vol - ler Tü - cke

(10) mit lan - ger Zun - ge noch schnell ei - ne Mü - cke.

(12) 4. Und kommt dann der Storch noch spä - ter am Tag,

(14) dann tau - chen sie un - ter und ru - fen laut: „QUAK!“

Kieselsteine werden grün angemalt und mit zwei Wackelaugen beklebt, oder die Augen werden ebenfalls aufgemalt.

Jeder Musiker hat zwei **Kieselfrösche**.

Jeweils in der ersten Zeile jeder Strophe *wird mit den Steinen abwechselnd im Achtelpuls auf den Beinen gespielt.*
In der zweiten Zeile *werden die Steine immer beim 1. und 4. Achtel gegeneinandergespielt.*
Die Auftakte *bleiben in allen Zeilen unbegleitet.*

→ verschiedene Begleitformen im 6/8-Takt kennenlernen

Siehe auch: IM SOMMER → Am Meer (S. 24)
AUS ANDEREN LÄNDERN → Five Little Seashells (S. 150)
TIERGESCHICHTEN → Mücken fangen (S. 112)
IM FRÜHLING → Der Käfermann (S. 22)
IM SOMMER → Die Biene (S. 26)

KK

VSK

Der Nussknacker

Franz von Pocci (1807-1876)
Bearbeitung: Gabriele Westhoff

Hansel heiß ich, Nüsse beiß ich,
geh gern in den grünen Wald,
wenn die Nuss vom Baume fallt.
Mach's dem lust'gen Eichhorn nach,
knack und nag den ganzen Tag.
Knack und nag und knack und nag,
nag den ganzen Tag – KNACK!

Hansel **heiß** ich**, Nü**sse **beiß** ich, **geh** gern **in** den **grü**nen **Wald,** **wenn** die **Nuss** vom **Bau**me **fallt.**	*mit zwei* **Walnüssen** *rechts und links im Wechsel auf Beinen/Boden/Tisch spielen*
Mach's dem lust'gen Eichhorn nach, **knack und nag den ganzen Tag.**	*die Walnüsse gegeneinanderreiben*
Knack und **nag** und **knack** und **nag,** **nag** den **gan**zen **Tag – KNACK!**	*die Nüsse gegeneinanderspielen; bei „KNACK" mit beiden Nüssen gleichzeitig 1x auf den Boden/Tisch spielen*

→ Förderung der Feinmotorik
→ Artikulationstraining

Siehe auch: IM ADVENT → Nuss-Strudel (S. 62)
IM HERBST → Der Nussknacker (S. 45)
IM ADVENT → Holler, boller, Rumpelsack (S. 65)
IM ADVENT → La Befana (S. 70)
IM ADVENT → Bitterkalt (S. 64)

KK

VSK

Kastanie, kleines Stacheltier

überliefert

1. Kastanie, kleines Stacheltier,
   komm doch vom Baum und spiel mit mir!
   Komm doch aus deinem Stachelhaus,
   wach auf, wach auf und komm heraus!

2. Ich habe mich schon lang gefreut,
   so sehr auf die Kastanienzeit.
   Nun seid ihr endlich groß und braun,
   ich möcht euch immerzu beschaun.

3. Wach auf, wach auf und fall herab!
   Mach auf der Straße plapp, plapp, plapp
   und rolle, rolle, rolle, roll!
   Dann hab ich gleich die Taschen voll.

aus: Gabriele Westhoff, „Herbst- und Martinslieder", Fidula-Verlag Holzmeister GmbH, Koblenz

Vorab eine **Kastanie** *in den gefalteten Händen verstecken. Alle sitzen am Boden im Kreis.*

1. Kastanie, kleines Stacheltier, komm doch vom Baum und spiel mit mir!	*die gefalteten Hände drehen*
Komm doch aus deinem **Sta**chelhaus,	*die Finger abspreizen bei „Stachelhaus"*
wach auf, wach auf und komm her**aus!**	*die Kastanie herausfallen lassen*
2. Ich **habe** **mich** schon **lang** ge**freut,** so **sehr** auf **die** Kasta**nien**zeit. Nun **seid** ihr **end**lich **groß** und **braun,** ich **möcht** euch **im**mer**zu** be**schaun.**	*zwei Kastanien im Metrum gegeneinanderspielen*
3. Wach auf, wach auf und fall herab! Mach auf der Straße **plapp, plapp, plapp**	*mit zwei Kastanien 3x auf dem Boden spielen*
und rolle, rolle, rolle, roll!	*beide Kastanien unter den Händen auf dem Boden rollen*
Dann hab ich gleich die Taschen voll.	*bei „hab" die Kastanien mit Schwung in die Kreismitte rollen lassen*

→ Förderung der Feinmotorik

Siehe auch: IM HERBST → Hört ihr den Wind? (S. 39)

Der Schnupfen

Gabriele Westhoff

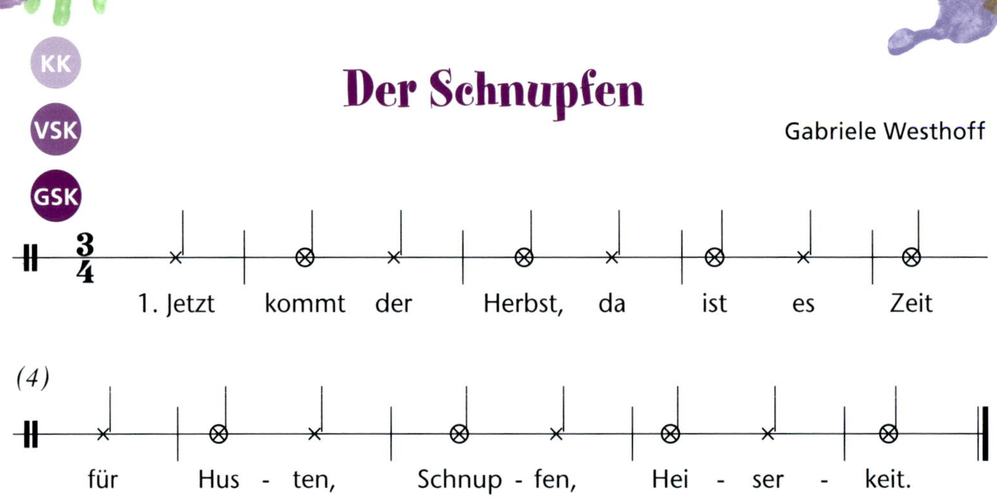

2. Da weht der Wind mit Saus und Braus,
die Nase läuft – o, welch ein Graus.

3. Mit Hustentee, dem dicken Schal
und Taschentüchern ohne Zahl …

4. … sind wir – HATSCHI – bald, Gott sei Dank,
HATSCHI, HATSCHI, auch nicht mehr krank!

Jeder benötigt zwei **Papiertaschentuch-Päckchen**.

Strophe 1: *die Päckchen im Rhythmus gegeneinanderspielen*
Strophe 2: *auf den Beinen mit rechts und links abwechselnd im Rhythmus spielen*
Strophe 3: *auf der Brust mit rechts und links abwechselnd im Rhythmus spielen*
Strophe 4: *immer bei „Hatschi“ die Päckchen 2x gegeneinanderspielen*
Am Ende kann, wer mag, die Päckchen im hohen Bogen in die Luft werfen.

→ einen Rhythmus im 3/4-Takt spielen

KK

VSK

GSK

Im Pferdeschritt

Wilhelm Keller

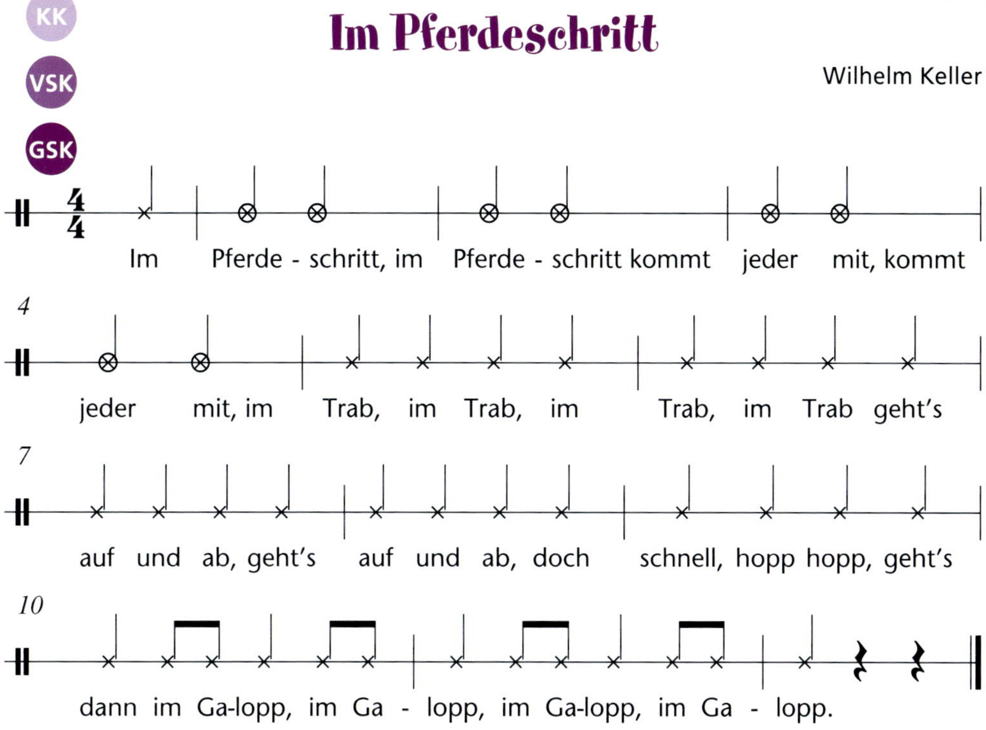

aus: Wilhelm Keller, „Ludi musici 1", © Fidula-Verlag Holzmeister GmbH, Koblenz

Mit **Klanghölzern** entsprechend der Notenwerte begleiten.

→ Versbegleitung im Halbe-, Viertel- und Achtelpuls
→ Im Anschluss kann der Vers in die Großbewegung übertragen werden.

Siehe auch: TIERGESCHICHTEN → Bauernpferde – Kutschenpferde (S. 114)
RITTERSLEUT UND ZWERGENVOLK → Wir fahren mit dem Bagger (S. 99)

Zweierlei Musik

(Drei trappelnde Rappen)

VSK

GSK

Text: Josef Guggenmos
Arr.: Gabriele Westhoff , Heinz Lemmermann

Drei trap - peln - de Rap - pen mit klap - pern - den Hu - fen

3 pol - ter - ten ü - ber die dröh - nen - de bret - ter - ne

5 Brü - cke mit don - nern - dem Krach, mit don - nern - dem

7 Krach, mit don - nern - dem Krach! *p* Dann hör - te man

9 wie-der den rie - seln-den, rau - nen-den, glick - sen-den,

13 gluck - sen - den, sil - ber - hell plau - dern - den Bach

aus: Josef Guggenmos, „Oh, Verzeihung, sagte die Ameise",

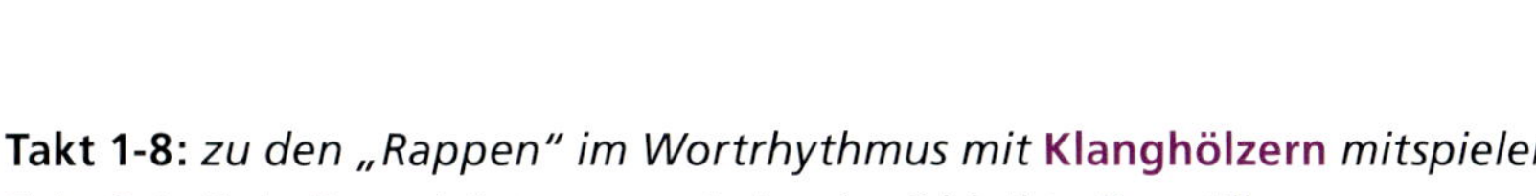

Takt 1-8: *zu den „Rappen" im Wortrhythmus mit* **Klanghölzern** *mitspielen*
Takt 8-9: *Bei „Dann hörte man wieder den" bleibt alles still.*

Takt 10-13: *zum 2/4-Takt im Wortrhythmus mit zwei* **Steinen** *zart mitspielen*
Takt 14: *Ab dem 2. Ton (!) bleiben die Steine stumm.*

Zusätzlich erklingt **ab Takt 14** *bis zum Ende und noch darüber hinaus (!) ein* **Regenstab**, *der möglichst ohne Unterbrechung immer wieder gedreht wird.*

→ ein Guggenmos-Gedicht kennen- und auswendiglernen
→ das Gedicht mit verschiedenen Klängen gestalten und erzählen
→ den Taktwechsel (6/8 zu 2/4 zu 6/8) erfahren und möglichst exakt umsetzen (dabei beachten, dass sich durch die gleichbleibenden Achtel der Grundschlag ändert)
→ Artikulationstraining

KK

VSK

GSK

Ein Federchen flog über Land

Joachim Ringelnatz

Ein Federchen flog über Land.
Ein Nilpferd schlummerte im Sand.
Die Feder sprach: „Ich will es wecken!"
Sie liebte, andere zu necken.
Aufs Nilpferd setzte sich die Feder
Und streichelte sein dickes Leder.
Das Nilpferd öffnete den Rachen
Und musste ungeheuer lachen.

Die eine Hand agiert mit einer **Feder**, die andere Hand stellt das Nilpferd dar: Die vier Finger werden nebeneinandergehalten, der Daumen liegt unter den Fingern – so kann sich das Nilpferdmaul öffnen und schließen.

→ Schulung des Bewusstseins für Lautunterschiede (Land – Sand / Feder – Leder ...)
→ ein Ringelnatz-Gedicht kennen- und auswendiglernen
→ Rechts-links-Koordination

Siehe auch: KANONS → Chili go go go (S. 169)
TIERGESCHICHTEN → Der große und der kleine Bär (S. 116)

Na Bahia tem

VSK

GSK

aus Brasilien

1. Na Bahia tem,
tem, tem, tem,
na Bahia **tem, ó**
côco **de** vin**tém.**

2. Na Bahia tem,
tem, tem, tem,
côco **da** Bahia**, ó**
côco **de** vin**tém.**

Wörtliche Übersetzung:

1. In Bahia gibt es,
gibt, gibt, gibt es,
in Bahia gibt es, oh,
Kokosnüsse zu zwanzig.

2. In Bahia gibt es,
gibt, gibt, gibt es,
Kokosnüsse aus Bahia, oh,
Kokosnüsse zu zwanzig.

Mit zwei **Kokosnusshälften** begleiten:

1. Na Bahia tem,	*Kokosnüsse gegeneinanderreiben*
tem, tem, tem,	*Kokosnüsse 3x gegeneinanderspielen*
na Bahia **tem, ó**	*die Kokosnusshälften abwechselnd 4x auf die Beine spielen*
côco **de** vin**tém.**	*Kokosnüsse 3x gegeneinanderspielen*

Alternativ kann auch mit einer **Rassel** begleitet werden:

1. Na Bahia tem,	*Rassel schütteln*
tem, tem, tem,	*Rassel 3x auf der Hand spielen*
na Bahia **tem, ó**	*Rassel 4x auf dem Bein spielen*
côco **de** vin**tém.**	*Rassel 3x auf der Hand spielen*

→ Die zweite Strophe wird wie die erste begleitet.

13. Kanons

Ose wise wose

aus den Niederlanden
Arr.: Gabriele Westhoff

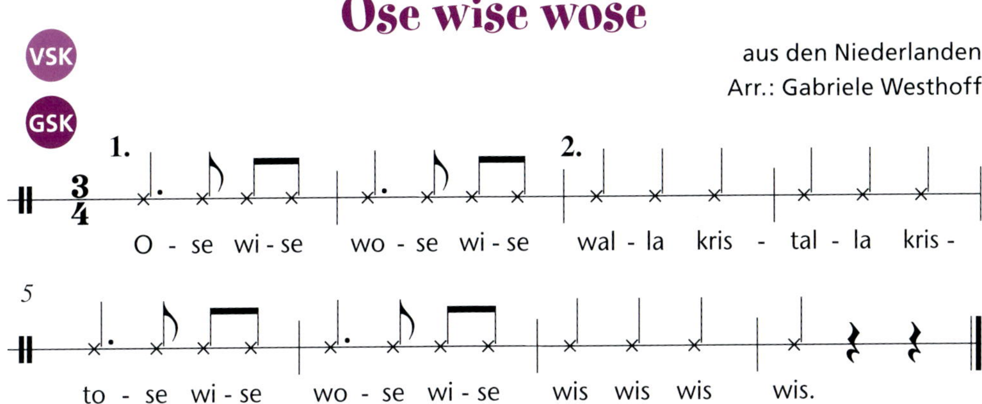

Auf der **Eins in Takt 1, 2, 5 und 6** *werden die Hände im Wechsel vor dem Körper plötzlich geöffnet und der jeweilige Arm beschreibt einen Kreis über die ganze Taktlänge.*
Zu **Takt 3, 4, 7 und 8** *wird im Metrum im Wechselschlag auf die Beine gepatscht.*

- → Bei der **Kanonfassung** werden die letzten beiden Pausen mit Schnalzen oder Schnipsen gefüllt.
- → Die Arbeit an einer deutlichen Artikulation, Vokalformung und der exakten Punktierung steht hier im Mittelpunkt.
- → Der 3/4-Takt wird erlebt – mit dem Wechsel der Betonung auf der Takteins und der metrischen Viertelbegleitung.
- → Dieser Nonsens-Vers kann z. B. gut als Zauberspruch eingesetzt werden.
- → Sprechkanons können auch schon mit 5-jährigen Kindern gelingen – mit den Jüngeren werden diese Verse einstimmig gestaltet.

Siehe auch: NONSENS-VERSE → Dumla, dumla (S. 139)
AUS ANDEREN LÄNDERN → Pium paum paukkaa (S. 148)

Geister-Spuk

VSK

GSK

überliefert
Arr.: Gabriele Westhoff

Takt 1: *4x mit den hohlen Händen klatschen*
Takt 2: *3x die Hände aneinander vorbeiwischend abwechselnd nach vorne strecken*
Takt 3: *im Achtelpuls und im Wechselschlag mit den Fäusten auf die Brust klopfen*
Takt 4: *bei „du" und „aus" mit beiden Fäusten gleichzeitig auf die Beine klopfen, bei „Bett her-aus" 3x mit den flachen Händen gleichzeitig auf die Beine patschen*

→ Alle nach oben gehalsten Noten werden mit Gesten unterlegt.
→ Training eines stabilen Metrums, damit der **Kanon** im gemeinsamen Grundtempo gelingen kann
→ Ein reiner Klanggestenkanon ohne den gesprochenen Text hat auch seinen Reiz.

VSK

GSK

Chili go go go

aus Sambia

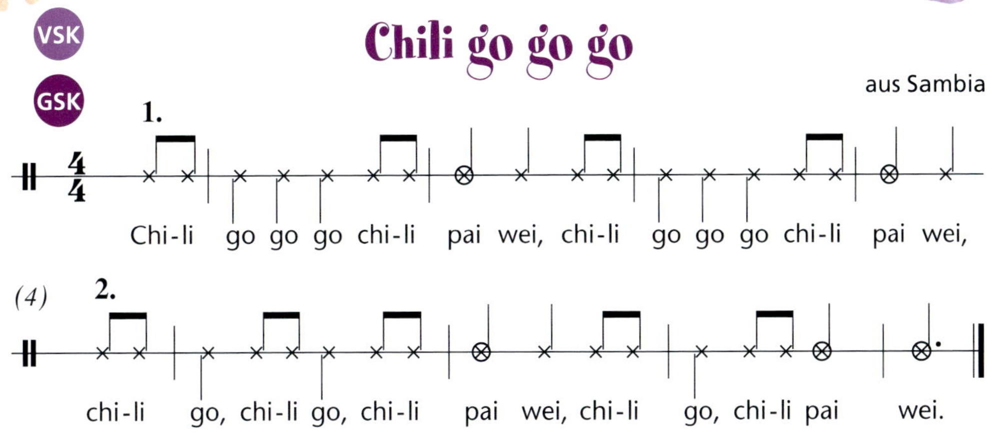

aus: Christoph Studer, Benjamin Mgonzwa, „Jambo Afrika", Fidula-Verlag Holzmeister GmbH, Koblenz

Aussprache:
ch = tsch
pai = langes „a", ganz kurzes „i"
wei = e und i werden einzeln artikuliert

Begleitung mit zwei **Steinen**:
Zu allen Silben **„go" (Noten mit Hals nach unten)** *wird mit zwei Steinen auf den Boden/Tisch geklopft.*
Zu **„pai wei"** *werden die Steine 2x gegeneinandergespielt.*
Die Silben **„chili"** *bleiben jeweils unbegleitet.*

→ mehrfach hintereinander sprechen und schneller werden
→ in der **Kanonfassung** ein gemeinsames Tempo stabil halten
→ Artikulationstraining

KK VSK GSK

Uno, due, tre

aus Italien
Arr.: Gabriele Westhoff

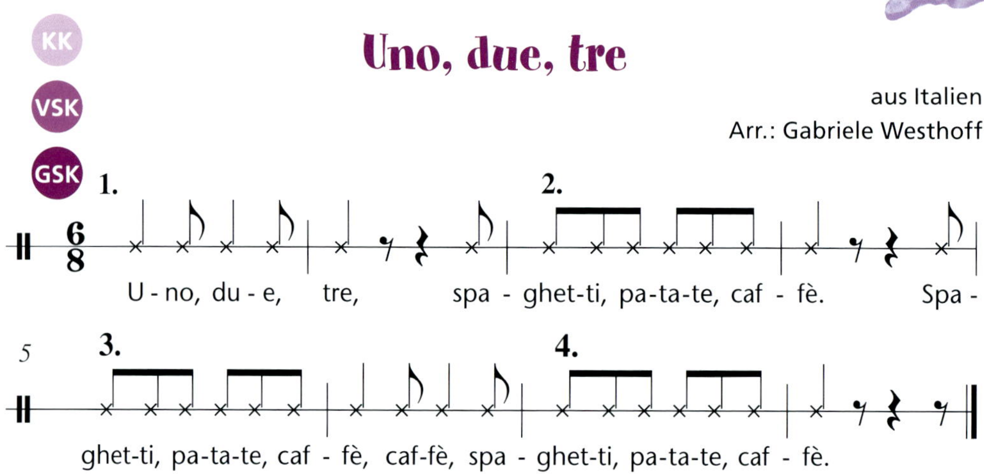

Wörtliche Übersetzung:
uno, due, tre: eins, zwei, drei
spaghetti: Spaghetti
patate: Kartoffeln
caffè: Kaffee

uno, due, tre: *nacheinander drei Finger zeigen*
spaghetti: *zwei Zeigefingerspitzen aneinanderlegen und die Finger ganz gerade strecken*
patate: *zwei Fäuste zeigen*
caffè: *die hohlen Hände zur Tasse formen*

→ zunächst langsam, dann immer schneller sprechen
→ einen Durchgang stumm und nur mit den Gesten gestalten
→ im **Kanon** sprechen – oder nur die Gesten ohne Text im Kanon zeigen
→ 6/8-Takt vertiefen
→ italienische Zahlwörter lernen
→ Förderung der Feinmotorik
→ Artikulationstraining

Siehe auch: AUS ANDEREN LÄNDERN → Rima de Chocolate (S. 144)

Aprilwetterspiel

VSK

GSK

Wilhelm Keller
Arr.: Gabriele Westhoff

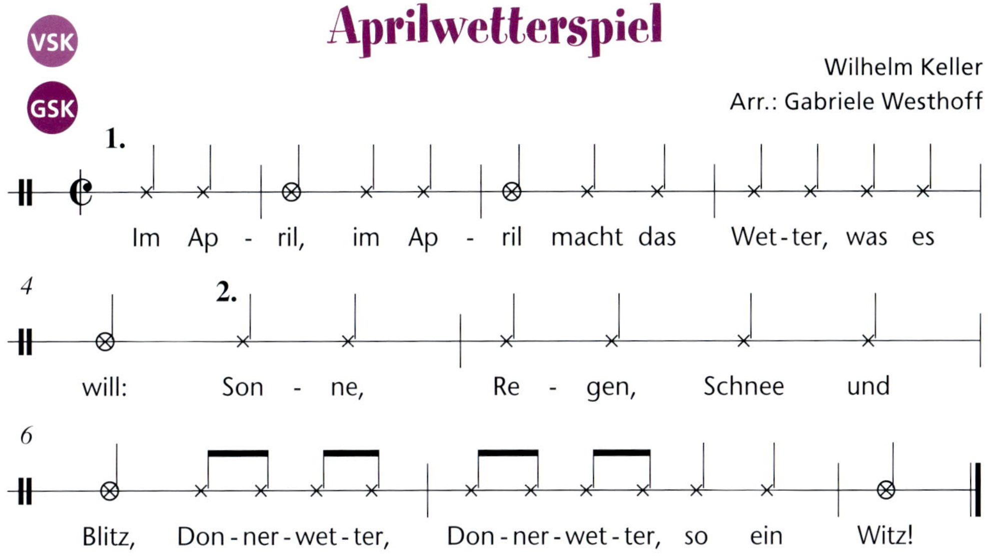

Takt 1-4: *die Fäuste mit den Fingerknochen im Wortrhythmus gegeneinanderspielen*
Takt 4-5: *6x die Hände aneinander vorbeiwischend abwechselnd nach vorne strecken*
Takt 6-7: *bei „Blitz“ 1x klatschen; dann zum „Donnerwetter“ auf die Beine im Wechselschlag patschen*
Takt 8: *bei „Witz“ 1x klatschen*

Den Vers im zweistimmigen **Kanon** *sprechen.*

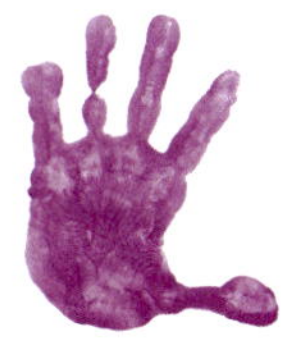

Rückentrommel

Takt 1-4: mit den Fäusten abwechselnd im Wortrhythmus sanft auf dem Partnerrücken spielen
Takt 4-6: für jedes Wetter 1x über den Rücken wischen
Takt 6-8: ab „Donnerwetter“ im Wortrhythmus mit den flachen Händen im Wechsel auf den Rücken trommeln

VSK

GSK

Knusper, knusper, knäuschen

überliefert
Arr.: Gabriele Westhoff

1. Takt: *im Viertelpuls mit rechter und linker Faust abwechselnd auf die Brust klopfen*
2. Takt: *im Viertelpuls mit rechts und links abwechselnd auf die Beine patschen*
3. Takt: *2x die Hände bei „Wind" gegeneinander wischen*
4. Takt: *bei „himm-" 1x klatschen und aus dem Klatscher heraus sofort die Hände mittig vor dem Körper nach oben führen und von oben nach unten einen Kreis zeigen (d. h. jede Hand zeigt einen Halbkreis)*

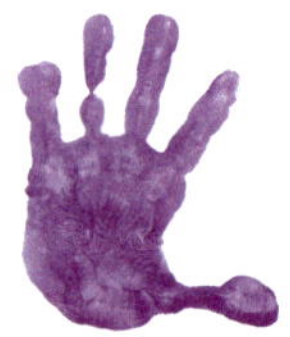

Der Vers kann im **Kanon** gesprochen werden:
2-stimmig: Der zweite Einsatz beginnt bei Kanonziffer 3.
4-stimmig: Mit jedem neuen Takt beginnt ein neuer Einsatz.

Siehe auch: NONSENS-VERSE → Ene mene dube dene (S. 138)

GSK

Mitten in Afrika

Christoph Studer
Arr.: Gabriele Westhoff

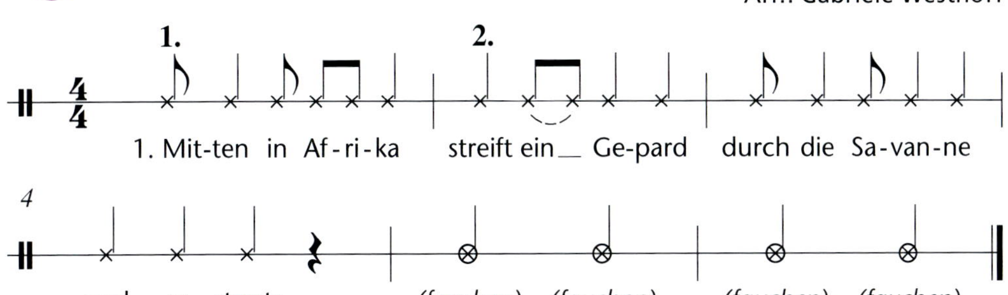

2. Mitten in Afrika kriecht eine Schlange durch die Savanne
und erstarrt: sss, sss, sss, sss *(zischen)*

3. Mitten in Afrika schleicht ein Löwe durch die Savanne
und erstarrt: uaaah, uaaah, uaaah, uaaah *(Löwengebrüll)*

1. Takt: *klatschen im Wortrhythmus*
2. Takt: *im Viertelmetrum die Hände gegeneinanderwischen*
3. Takt: *im Wortrhythmus mit der rechten und linken Faust abwechselnd auf die Brust klopfen*
4. Takt: *3x mit beiden Händen gleichzeitig auf die Beine patschen*
5.+6. Takt: *die Fäuste abwechselnd nach vorn strecken und schnell öffnen*

→ im **Kanon** sprechen
→ Wenn man nur die Gesten im Kanon ausführt, ohne den Text dazu zu sprechen, erklingen natürlich trotzdem in den letzten beiden Takten die passenden Tierlaute.
→ Stimmimprovisationen bei den Tierlauten
→ die Synkopen im ersten und dritten Takt möglichst exakt umsetzen

Siehe auch: KANONS → Uno, due, tre (S. 170)

VSK

GSK

Immer ich!

Gabriele Westhoff

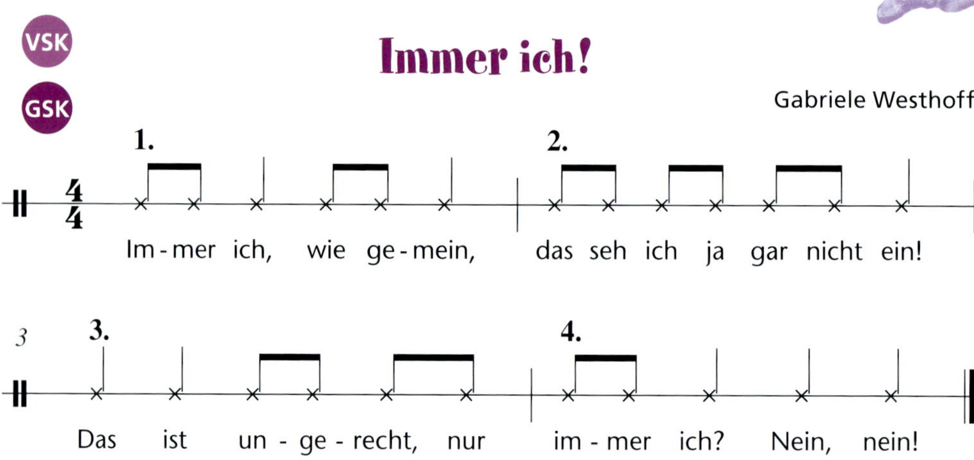

1. Takt: *im Wortrhythmus mit der einen Faust auf die andere Hand klopfen*
2. Takt: *im Wortrhythmus abwechselnd mit der rechten und linken Faust auf die Brust klopfen*
3. Takt: *2x klatschen, dann im Wechselschlag auf die Beine patschen*
4. Takt: *weiterpatschen, bei „nein, nein" 2x stampfen*

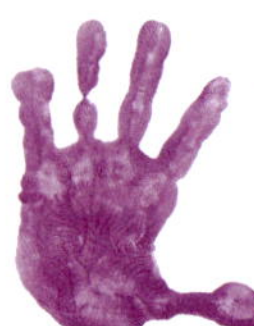

Alternative
1. Zeile: mit **Klanghölzern** im Wortrhythmus begleiten
2. Zeile: mit **Handtrommeln** im Wortrhythmus begleiten
Nach etwas Übung erklingen die beiden Zeilen gleichzeitig.

→ ziemlich wütend (!) erst einstimmig und dann im **Kanon** sprechen

14. Register

Alphabetisches Verzeichnis der Verse und Versanfänge

179

Stichwortregister